Introduction

Depuis quelques années, les phénomènes qui relèvent de la science-fiction commencent à retenir davantage l'attention. Le moment est venu d'explorer d'autres mondes et les résultats obtenus grâce aux progrès de la science contemporaine ne cessent de surprendre le grand public. De nos jours, en effet, les savants tentent de percer le mystère des origines de la vie, explorent les systèmes planétaires, découvrent des galaxies jusqu'ici inconnues, détectent des signaux provenant d'autres mondes et ne cessent d'étudier la façon d'entrer en contact avec d'autres êtres, d'une intelligence supérieure, appartenant à de lointaines planètes. Dans d'autres domaines, non moins complexes, on commence seulement à vérifier de surprenantes découvertes sur nos pouvoirs mentaux, encore fort mal connus et l'on soupçonne même l'existence de moyens permettant la communication à travers le cosmos, avec la pensée pour tout véhicule. Il est de plus en plus manifeste que de nombreuses personnes arrivent à projeter leur conscience à des distances considérables; l'information pourrait ainsi parcourir de très longues distances par des moyens bien plus fiables que tous ceux connus à l'heure actuelle.

Dans certains pays, on effectue depuis quelque temps des recherches sur la vision extra-rétinienne, c'est-à-dire la possibilité de voir les yeux fermés; il a été démontré que certains sujets, soumis à un entraînement scientifique intensif, pouvaient distinguer les couleurs au toucher, uniquement en captant les différences de vibrations.

Nous vivons une époque sans précédent dans l'histoire de l'humanité, source d'expansion et d'enrichissement et les dernières années du XXe siècle nous ouvrent de nouveaux horizons, que nous n'avions jamais osé imaginer. Nous sommes les témoins de découvertes et de progrès qui vont bouleverser le monde de façon irréversible.

Le nombre de revues spécialisées en matière de parapsychologie ne cesse de s'accroître, non seulement pour répondre à la demande des spécialistes mais aussi à celle des lecteurs profanes, avides de nouvelles connaissances. Les articles de presse consacrés à la parapsychologie sont bien plus nombreux qu'autrefois, révélant l'existence de nos pouvoirs mentaux occultes que de nouvelles recherches et de récentes découvertes mettent en évidence. Parallèlement, des programmes de radio et de télévision au cours desquels interviennent savants et spécialistes sont consacrés à ces sujets.

Dans de nombreux pays, d'Orient et d'Occident, on pratique depuis fort longtemps diverses méthodes de guérison qui relèvent de conceptions différentes de celles de la médecine classique. On compte un nombre croissant de patients qui se soumettent volontairement à des techniques totalement étrangères à la médecine traditionnelle et qui échappent à l'entendement des médecins à qui nous avons de tout temps confié notre santé. Brûlant d'en savoir plus long, plusieurs d'entre eux ont tenté d'explorer de nouvelles voies, et quoiqu'ils diffèrent sur bien des points, ils ne peuvent nier l'existence de certains pouvoirs mentaux qu'il est difficile d'ignorer et confirment officieusement la mystérieuse efficacité des nouvelles méthodes de guérison, privilège de quelques-uns. Par ailleurs, la possibilité de mesurer électroniquement les ondes cérébrales a permis de mieux connaître le phénomène d'autorégulation de certains processus organiques sous l'influence de nos pouvoirs mentaux. L'utilisation scientifiquement contrôlée de ces pouvoirs, sans recourir aux drogues et techniques connues jusqu'à présent, a permis d'étonnantes découvertes et de gros progrès. De nouvelles méthodes d'expérimentation ont été mises au point afin d'explorer le monde secret du sommeil et de l'hypnose ou encore d'autres phénomènes appartenant au domaine des perceptions extrasensorielles.

Certaines études ont démontré qu'au cours de la méditation, l'effort auquel le cœur est normalement soumis est bien moindre et que la pratique régulière de cette technique offre d'énormes avantages d'ordre psychique autant qu'organique. Ces phénomènes et bien d'autres encore que l'on peut mesurer et calculer – grâce à la très grande précision des instruments utilisés à l'heure actuelle – ont abouti à une recherche menée conjointement entre la physique et la parapsychologie auxquelles par la suite se sont jointes d'autres sciences exactes. Les derniers travaux qui viennent d'être publiés sur nos pouvoirs mentaux invisibles, les auras, le bio-magnétisme, les découvertes en bio-électronique sont quelques-uns des différents phénomènes expérimentaux qui ont permis de réunir en une étude commune, inter-disciplinaire, tous les efforts et connaissances actuelles. En marge de ces activités expérimentales et spéculatives, les savants ont de plus en plus fréquemment recours aux connaissances objectives et aux méthodes scientifiques pour les transposer dans le domaine des phénomènes parapsychologiques.

Depuis que l'homme a pu pour la première fois voyager dans l'espace et retourner sur la terre, il a pris conscience de l'immense pouvoir que détenaient les savants et a compris que l'accomplissement d'une telle ambition était le fruit d'un monde purement physique et mathématique qui peut en fait sembler distinct du monde de l'esprit.

Cependant un événement aussi spectaculaire que l'expédition du premier homme sur la lune a demandé des années d'études, de calculs et de recherches afin de pouvoir mettre au point une telle réalisation technologique, fruit du travail de quelques hommes. Avant de parvenir à ces résultats, il fallut tout d'abord les concevoir mentalement. L'homme prit conscience du fait qu'il pouvait vaincre certaines lois physiques qui le retenaient prisonnier sur sa planète; il résolut donc de briser sa coquille, inventa tous les moyens nécessaires pour pouvoir enfin réaliser le rêve que son esprit avait forgé. Il marqua ainsi la naissance d'une ère nouvelle: celle de la conquête de l'espace que l'on pourrait également nommer l'ère de la conquête de l'esprit.

Histoire des phénomènes paranormaux

Les faits et récits qui témoignent de l'existence de phénomènes parapsychologiques parmi les êtres humains sont innombrables et remontent aux temps les plus reculés. Bien que notre objectif ne consiste pas ici à énoncer des faits ou à décrire des expériences, il nous semble toutefois intéressant de noter l'importance et la valeur de certains phénomènes chez les peuples primitifs. De nos jours et grâce aux progrès de la science contemporaine, les chercheurs peuvent à leur gré reproduire ces phénomènes en laboratoire. On ne saurait trop insister sur la crédibilité dont jouissaient les astrologues chez les Egyptiens et l'on peut même interpréter de nombreux faits décrits dans les Saintes Ecritures comme un témoignage manifeste de phénomènes parapsychologiques. Quantité de textes insérés dans de très anciens documents écrits ont trait à des expériences de voyance, des songes prophétiques ou de simples interprétations. Il existe des preuves irréfutables de l'existence de ces mystérieux pouvoirs que l'homme détient depuis les temps les plus éloignés et que la science redécouvre de nos jours pour les étudier scientifiquement et les mettre au service de l'humanité de façon rationnelle et contrôlée.

On sait de source sûre que les brahmanes possédaient certaines connaissances scientifiques (d'ailleurs toujours très actuelles en Occident) qui étaient transmises de façon secrète. Les adeptes, avant d'être initiés à la sagesse de leurs maîtres, devaient se soumettre à de rudes épreuves pendant de longues années. Lorsque les néophytes avaient enfin surmonté les épreuves imposées, le brahmane permettait aux futurs sages de partager, sans réserves, les secrets qu'il détenait.

Si l'on remonte à l'époque où les Israélites peuplaient les terres égyptiennes, on s'aperçoit que dans les temples de l'ancienne Egypte, l'hypnose et d'autres phénomènes de perception extra-sensorielle (PES) étaient déjà connus. On trouve sur les célèbres papyrus de l'époque la transcription de certains faits tels que l'induction au sommeil par divers moyens, qui pourront sembler absurdes de nos jours mais avaient alors une profonde signification et produisaient autant d'effet que bien des méthodes actuelles. On a également pu confirmer l'existence de temples où certains fidèles s'adonnaient aux songes prophétiques et non seulement dans l'ancienne Egypte mais aussi en Grèce et en Babylonie.

L'interdiction qui est faite aux Juifs, dans l'Ecriture sainte, d'exercer certaines pratiques, a été interprétée par quelques historiens comme une garantie contre l'exercice de facultés paranormales par les sujets qui en étaient dotés. Les prophéties de certains oracles sont fort bien connues, telle la célèbre réponse de la pythie de Delphes au dernier des rois lydiens, Crésus, lorsque celui-ci vint la consulter à propos de la guerre qu'il allait entreprendre contre les Perses. Crésus compara les réponses des différents oracles de Grèce mais la prophétie qu'il reçut de la pythie de Delphes fut, sans aucun doute, la plus proche de la vérité. Tous ceux qui connaissent bien l'histoire grecque savent que Platon lui-même soutenait que le foie était l'organe du don de la prophétie. La recherche de phénomènes paranormaux ayant existé tout au long de l'histoire mit l'accent sur le cas d'Apollonios de Tyane qui prédit la fin de l'empereur romain Domitien, et, dans l'œuvre de Cicéron, sur un passage où l'auteur admet clairement l'existence du don de prédiction et décrit un phénomène évident de perception extra-sensorielle (PES).

On découvrit également un autre cas très intéressant, relaté par Pline le Jeune, faisant référence à une demeure hantée par un fantôme qui émettait parfois certains sons comme pour témoigner de sa présence. Saint-Augustin cite divers cas de phénomènes parapsychiques relevés parmi ses disciples et mentionne même celui d'un astrologue qui possédait la faculté de lire les pensées des autres. Notons également le cas de nombreuses devineresses et prêtresses, dotées de voyance, qui formulèrent diverses prophéties qui devaient survenir bien des siècles plus tard.

Plusieurs mythes et légendes de peuples très anciens font aussi référence à des phénomènes parapsychologiques.

Enfin, dans l'histoire de la vie de certains mystiques du Moyen-Age, on rencontre des phénomènes que l'on pourrait classer comme étant parapsychiques. Il semble donc qu'il existe un lien étroit entre les états mystiques et ces phénomènes parapsychologiques.

D'ailleurs, l'histoire des religions, y compris celle de la religion chrétienne, offre des exemples manifestes de l'existence de phénomènes parapsychologiques et plus particulièrement l'histoire de la vie de quelques saints dont les expériences mystiques bien connues sont très significatives pour la plupart des spécialistes contemporains. A titre d'exemple, citons entre autres Sainte-Thérèse de l'enfant Jésus, Saint-François d'Assise ou encore Saint-Joseph de Coupertin qui parvint à entrer en transe en présence du pape Urbain VIII.

Remarquons aussi au passage un phénomène pour le moins surprenant, surtout pour ceux qui n'ont aucune connaissance en la matière, et qui a largement contribué à attirer l'attention du grand public pendant des siècles: celui des plaies sanglantes qui apparaissent parfois sur le corps de certains mystiques et sont en étroite relation avec la crucifixion du Christ.

Certains historiens attribuent le culte et la perpétuation de diverses traditions occultes ainsi que la croyance en l'existence de

certains phénomènes parapsychologiques aux idéologies d'ordres et de sociétés secrètes fondées au Moyen-Age.
A cette époque, nombreux furent les savants et les chercheurs qui consacrèrent une grande partie de leur vie à l'étude de ce que la science contemporaine rebaptise aujourd'hui sous le terme de parapsychologie.
Citons la vie du célèbre Faust, emplie d'expériences fascinantes et de mystérieuses légendes, ou encore le grand philosophe allemand, Emmanuel Kant, qui s'est attaché à décrire les expériences vécues par un mystique suédois et qui mettent clairement en évidence l'aptitude de ce dernier à vivre et sentir de tels phénomènes de PES.
Des expériences également très riches en phénomènes parapsychologiques ont eu lieu loin du continent européen. L'Inde, berceau du yoga, vient tout naturellement à l'esprit, avec tout un système de pensée parallèle, basé sur un principe d'éducation physique et mentale face à l'existence, postulant une certaine maîtrise du corps par le biais de l'esprit, attitude à travers laquelle certains chercheurs ont noté une ébauche de maîtrise de certaines facultés parapsychologiques.
A l'heure actuelle, beaucoup s'étonnent encore de la faculté des yoguis à atténuer, voire à supprimer, la souffrance physique, ou même à contrôler de façon surprenante certains processus physiologiques. Cependant, les physiciens et même les physiologistes peuvent expliquer scientifiquement tous ces processus, mais nous ne chercherons certes pas à nier leurs composantes parapsychologiques évidentes.
Le recours aux pouvoirs parapsychologiques persiste de nos jours dans certaines civilisations fort peu connues en Occident. Les récits et les descriptions des anthropologues témoignent de l'existence du curieux folklore de certains peuples chez qui les danses et les cérémonies ont un caractère religieux largement empreint de mystique. On observe des rites magiques auxquels on attribue des fins et des effets surnaturels. On pourrait

supposer que la plupart de ces pratiques magiques, mystiques ou religieuses, répondent simplement à la sagesse populaire de ces groupes ethniques et ont été élaborées collectivement au travers de la seule interprétation de phénomènes naturels. Toutefois, il ne serait guère surprenant que le développement de certains rites magiques qui se déroulent de façon collective présente des influences mentales et que tous les participants se trouvent engagés dans des expériences liées aux phénomènes paranormaux.

C'est au XVIIIe siècle que se produisit en Europe le premier fait d'envergure dans l'histoire de la parapsychologie. En 1779, Franz Mesmer publia en France une œuvre traitant du "magnétisme animal". Il faut préciser que le but recherché par Mesmer n'était pas l'étude des phénomènes relatifs à la parapsychologie. Le savant s'était intéressé à la création et à la diffusion d'un nouveau procédé thérapeutique, méthode qui fut alors l'objet de violentes critiques.

Le procédé que Mesmer proposait aux médecins de l'époque consistait à réunir quelques patients dans une pièce sombre au milieu de laquelle se trouvait un grand récipient contenant des métaux aux propriétés magnétiques. Mesmer assistait à ces réunions et exerçait sur ses malades certains effets de suggestion au cours d'une sorte de cérémonie de type incantatoire ponctuée de mouvements de prières comme le font les imans et de répétition de mots et de phrases emplies d'espérance; la pénombre qui régnait et la musique de fond conféraient à ces séances un climat qu'il jugeait thérapeutique, et propice à la guérison de ses malades. Il est certain que les caractéristiques mêmes de la méthode que nous venons de décrire créaient chez les patients une charge émotive particulière. Au grand étonnement de beaucoup d'incrédules, les malades entraient dans une sorte de transe qui entraînait une modification de leur état normal de conscience et même certains phénomènes convulsifs, accompagnés de symptômes divers qui rappellent étrangement ce que les psychanalystes nomment aujourd'hui états hystériques. La présence de Mesmer et les techniques employées provoquaient chez les malades un état quasi-hypnotique. Bien évidemment, quelques-uns des symptômes qui avaient motivé la visite de certains patients disparaissaient complètement, par le seul effet de suggestion dont usait Mesmer et de son pouvoir de séduction. Ce dernier s'était inspiré d'anciennes doctrines selon lesquelles les astres influaient sur certains processus biologiques à certains moments et dans certaines conditions physiques et émotionnelles. Il affirmait que l'extase à laquelle parvenaient ses patients était due à un facteur physique déterminé qui gagnait l'organisme en y laissant un effet particulier qu'il nommait: "magnétisme animal". N'oublions pas que le phénomène physique du magnétisme, que nous connaissons aujourd'hui bien mieux qu'à cette époque, était très confus dans l'esprit des scientifiques du XVIIIe siècle. On croyait alors que de nombreux phénomènes tels que les états d'hypnose ou ceux proches de l'état onirique ainsi que certaines manifestations parapsychologiques étaient dues à la transmission de certains fluides inconnus et mystérieux d'une personne à l'autre.

Cet exposé sommaire suffira à refléter l'état des connaissances scientifiques de l'époque sur tous ces phénomènes. La théorie qui vient d'être décrite est en effet tout à fait dépassée mais il faut tenir compte des limites scientifiques de l'époque.

Il est cependant intéressant de relever une observation faite alors sur le caractère empirique très particulier du songe dit "magnétique" que l'on peut facilement assimiler aux phénomènes hypnotiques reconnus par la science contemporaine, et que de nombreux chercheurs considèrent de nos jours comme un facteur d'induction aux états parapsychologiques. C'est d'ailleurs par le biais du songe magnétique et tout à fait par hasard que fut découverte par la suite la PES. Cette première expérience fut suivie de diverses autres, tout aussi importantes, qui permirent d'obtenir quelques guérisons, au cours desquelles les

malades entraient en état de somnambulisme. Peu à peu, au travers du songe magnétique, d'autres chercheurs parvinrent à observer certains phénomènes de PES. Sous l'effet du songe magnétique, les patients décrivaient leurs symptômes, leurs troubles, tandis que le magnétiseur leur donnait diverses instructions suivies d'effets, qui entraînaient parfois la disparition des symptômes dont se plaignaient les malades. Le magnétiseur effectuait certains mouvements que le patient devait décrire et les expériences les plus diverses se succédèrent ainsi, aboutissant à des résultats véritablement surprenants pour les chercheurs eux-mêmes. C'est à cette époque et à la suite de ces découvertes qu'en France comme en Allemagne, se créèrent de nombreuses associations et que dans plusieurs pays diverses publications sur le magnétisme animal virent le jour. Certains savants de l'époque se consacrèrent plus particulièrement à ce thème et menèrent eux-mêmes diverses recherches leur permettant d'obtenir des données plus précises. C'est ainsi que l'on découvrit que les somnambules, sous l'effet du songe magnétique, pouvaient *voir les yeux fermés* et qu'il leur était même possible de prédire l'avenir. On s'intéressa surtout aux conséquences thérapeutiques des recherches et on voulut en savoir plus sur ce "fluide magnétique". Certains groupes abandonnèrent leurs recherches, d'autres survécurent mais uniquement ceux constitués d'individus dotés de pouvoirs supranormaux.
Vers 1840, la science se tourna à nouveau vers ce type de recherches. Il fut démontré que l'état d'hypnose que l'on appelait à cette époque "état hypnotique" pouvait être induit par le biais de diverses méthodes, semblables ou distinctes de celles utilisées par les magnétiseurs et on renonça à la théorie selon laquelle l'état dit hypnotique était provoqué par un fluide magnétique. Cette nouvelle conception marqua le début des prises de position scientifiques par rapport à l'hypnotisme, laissant de côté tout ce qui impliquait que le dit phénomène relevait du domaine de l'occultisme.

On a, par ailleurs, observé des phénomènes parapsychiques chez des sujets soumis à des pratiques hypnotiques, mais ces phénomènes ne retinrent guère l'attention dans la mesure où là n'était pas l'objectif principal des recherches effectuées. On se proposait en effet d'approfondir les connaissances sur les effets de la suggestion, le comportement induit par l'hypnose et la nature de cet état. Les chercheurs s'attachaient surtout à utiliser l'hypnotisme comme technique thérapeutique afin de pouvoir guérir certains états pathologiques. La recherche sur les phénomènes parapsychologiques était restée le fait de groupes isolés, surtout de quelques magnétiseurs qui travaillaient en dehors des cercles officiels.

C'est vers 1850 que l'on s'intéressa au spiritisme sur le continent américain. Il gagna ensuite rapidement l'Europe où l'on commença à accorder une grande importance au sujet tandis que diverses associations se créaient.

On tentait de multiples expériences, on assistait à toutes sortes de phénomènes et on écoutait, entre autres, parler les esprits par l'intermédiaire des médiums. Le spiritisme rencontra un tel succès dans certains milieux qu'il se développa rapidement et compta dès le début du XXe siècle des millions d'adeptes groupés en sociétés, tout particulièrement aux Etats-Unis.

Il est intéressant de préciser que l'on peut rapprocher l'état de transe d'un médium spirite de l'état d'hypnose, et tous ceux qui ont participé à ces séances d'hypnose sont toujours étonnés de voir à quel point le médium se comporte de façon différente lorsqu'il est en transe.

Malheureusement, les séances de spiritisme ne furent guère l'objet d'expériences scientifiques mais plutôt de réunions de personnes qui cherchaient à communiquer avec des êtres chers dans l'au-delà ou bien avec les esprits d'amis défunts.

Le spiritisme donna lieu à toute une série de phénomènes pour le moins étranges qui, par la suite, éveillèrent quand même la curiosité des savants dont ils retinrent enfin l'attention. Des problèmes d'une dimension nouvelle, que le spiritisme ne savait comment résoudre, surgirent. Les médiums ne ressentaient pas le besoin d'une recherche scientifique approfondie mais il s'agissait bien souvent d'individus qui n'avaient aucun sens éthique et qui exerçaient leurs activités à des fins mercantiles. Le physicien William Crookes, décédé en 1919, éminent scientifique anglais, fut le premier à se consacrer pleinement à l'étude des phénomènes parapsychologiques. Parmi les travaux qui lui sont attribués, ceux ayant trait à la télékinésie sont des plus remarquables. Ils sont le fruit de recherches basées sur l'utilisation d'un instrument appelé dynamomètre et destiné à mesurer la valeur des forces. Toutefois la véritable expérimentation scientifique des phénomènes parapsychologiques ne débuta que vers 1882, année où fut fondée en Angleterre la Société pour la Recherche Scientifique (Society for Psychical Research) ou SPR.

Dans plusieurs pays, divers groupes suivirent alors l'exemple de la Société anglaise et fondèrent leurs propres associations. Ces groupes comptaient parmi leurs membres des savants de renom mondial, d'éminents professeurs, biologistes, psychologues et spécialistes de toutes les disciplines. Deux ans plus tard, la Société américaine pour la Recherche fut créée, suivie en Europe de diverses autres de plus ou moins grande importance.

Les recherches se centrèrent sur différentes thèses qui constituaient un véritable défi à la science. Il existait en effet des évidences, des affirmations, des songes, des prémonitions que l'on ne pouvait expliquer de façon purement rationnelle et qui, cependant, constituaient une source d'informations que l'on ne pouvait obtenir d'aucune autre façon, tels que les événements appartenant à un passé très lointain ou à l'avenir.

La tâche principale que les chercheurs s'étaient fixée était de pouvoir expliquer ces phénomènes et d'en confirmer le caractère authentique ou pas. Ils avaient alors le choix entre deux méthodes: réunir des précisions sur des faits relatés par des sujets qui avaient vécu de telles expériences et les étudier, ou bien, au contraire, effectuer des expériences avec des sujets dotés de facultés exceptionnelles et mettre en pratique ces expérimentations, les personnes choisies pouvant être des médiums spirites qui étaient alors connus et respectés.

On peut résumer les conclusions de ces recherches menées avec les médiums, en constatant que si certaines étaient concluantes aux yeux des savants qui les effectuaient, elles n'étaient guère convaincantes pour bon nombre de personnes et, pour la plupart des scientifiques de l'époque, qui ne purent se déclarer satisfaits des résultats. De plus, certains faits qui pouvaient sembler scientifiques à première vue étaient en réalité chargés d'erreurs, ce qui ne contribuaient guère à donner un caractère rigoureux à ces travaux. La plupart des données étaient évidentes mais incomplètes. La théorie qu'avançaient les spirites reposait sur la croyance de ce qu'affirmait le médium en état de transe. Or ceci ne constituait pas en soi, à proprement parler, une preuve suffisante pour les chercheurs. Il était en fait bien plus plausible d'admettre que le médium était doté d'une faculté spéciale qui lui permettait d'accéder à une information qu'on ne pouvait obtenir par aucun autre moyen. En ce qui concerne ce mécanisme particulier, on pouvait supposer que le médium était en mesure de connaître les pensées de ceux qui participaient aux expérimentations. On croyait alors que la connaissance de certains faits pouvait se transmettre au travers d'autres personnes, lesquelles savaient ce que le médium pouvait deviner mais de façon télépathique.

La télépathie fut considérée de façon très simpliste. A l'époque, les connaissances en physique et plus particulièrement en matière d'ondes électromagnétiques et de télégraphie sans fil, contribuèrent à renforcer certaines croyances. L'hypothèse de la nature électromagnétique des phénomènes télépathiques connut alors une vogue immense, grâce aux découvertes révolutionnaires sur les phénomènes électriques des ondes du cerveau. Le principal argument contre le spiritisme se basait sur la découverte progressive de sujets particulièrement dotés et sensibles aux phénomènes de PES, et qui en outre n'appartenaient pas aux associations spirites. Reconnaître que certaines personnes possédaient des aptitudes particulières ne signifiait pas forcément croire que les esprits existent dans la mesure où la question pouvait être abordée d'une toute autre façon, bien plus simple et directe, sans faire intervenir les esprits pour autant. Il s'agissait pour eux de sujets dotés de facultés supérieures leur permettant de se prêter à diverses expérimentations dans le domaine des phénomènes de PES. Les travaux effectués avec ces sujets particulièrement dotés permirent bientôt d'améliorer sensiblement les conditions expérimentales. Cependant les chercheurs ne parvinrent pas à éliminer toutes les difficultés qu'ils rencontraient. Les résultats auxquels aboutirent ces nouvelles recherches permirent de confirmer les théories de certains savants en faveur des arguments présentés, leur objectif étant de déceler les facteurs conduisant aux phénomènes télépathiques. C'est grâce à l'hypnose que la recherche parapsychologique put bénéficier de l'introduction de nouveaux facteurs, bien que l'on sut que les sujets ayant le don de voyance travaillaient à l'état de veille ou plus exactement dans certaines conditions de relaxation, grâce à une grande concentration. Le recours à la méthode hypnotique impliquait le retour aux expériences effectuées sur des sujets en état de transe, or elles semblaient se rapprocher bien plus des pratiques spirites que de véritables expérimentations purement scientifiques. Il est certain, en tout cas, que malgré les progrès considérables accomplis à cette époque et dans ce domaine, le grand public ne se laissa guère convaincre par les résultats obtenus. Pendant des années et bien après la fondation de la SPR à Londres et jusqu'à l'époque de "l'entre-deux-guerres", au XXe siècle, ce furent des associations semblables à l'Institution de Londres qui dirigèrent les recherches sur les phénomènes parapsychologiques.

Quelques savants isolés, travaillant de façon indépendante, réussirent à effectuer quelques expériences significatives et à obtenir des résultats intéressants, tandis que les amphithéâtres universitaires et autres institutions à caractère officiel demeuraient totalement fermés à ce type d'expériences. C'est à partir de 1930 que les conditions de vie changèrent complètement et que les sujets qui se consacraient à ce genre d'expérimentation devinrent moins nombreux qu'auparavant. De plus, la conviction s'était installée selon laquelle les progrès réalisés dans ce domaine ne satisfaisaient pas aux conditions qu'on était en droit d'exiger. Il existait en outre une autre difficulté majeure à surmonter: les aptitudes des sujets qui se prêtaient à toutes ces expériences n'étaient jamais identiques et parfaites, et ceci pour diverses raisons.

L'expérimentateur n'était pas encore parvenu à contrôler tout à fait l'ensemble des conditions qui déterminaient les expériences ni à établir de méthode standard permettant d'effectuer et de répéter ces expériences afin de pouvoir comparer les résultats obtenus sur différents sujets.

C'est au chercheur américain, Joseph Rhine que revient le mérite de la systématisation quantitative des expériences parapsychologiques. J. Rhine et W. McDougall sont en effet les véritables pionniers en matière de recherches sur la parapsychologie, s'efforçant d'en établir les bases scientifiques. Dès 1930, Rhine fut affecté aux Laboratoires Parapsychologiques de l'Université de Duke aux Etats-Unis, l'un des centres les plus importants dans ce domaine. C'est à partir de ce moment-là que la parapsychologie devint une discipline digne d'intérêt pour les savants et les chercheurs désireux de s'avancer sur ces terrains encore fort mal connus.

En 1965, les Laboratoires Parapsychologiques de l'Université de Duke devinrent l'Institut de Parapsychologie, indépendant de l'université. Dès lors, les recherches furent du domaine privé et bientôt l'Institut prit le nom de Fondation pour la Recherche sur la Nature de l'Homme. D'autres centres de recherche apparurent alors dans divers pays: ainsi en Allemagne, à l'Université de Fribourg, en Inde à l'Université d'Andhra et aux Etats-Unis, à l'Université de Virginie. A New-York, il existe, depuis 1955, un important centre de recherches parapsychologiques dirigé par une femme, E. Garret.

A partir de 1930, les recherches parapsychologiques entrèrent dans une nouvelle phase qui se caractérisait principalement par l'incorporation d'expériences quantitatives en tant qu'éléments de preuve de la PES.

On assista par ailleurs à une précision de la terminologie utilisée et à une classification des phénomènes parapsychologiques. Les pionniers de cette science tentèrent d'apporter une réponse à la question de savoir s'il s'agissait d'esprits ou de télépathie. Au fur et à mesure que les recherches avancèrent, on employa de plus en plus le terme de perception extra-sensorielle pour se référer à la faculté particulière de percevoir certains phénomènes. Deux types bien distincts de cette aptitude furent alors définis: la télépathie et la voyance, avec des méthodes précises permettant de les différencier au cours des expérimentations. C'est bien plus tard qu'il fut démontré que les différences existant entre l'une et l'autre tenaient plus aux conditions propres à l'expérimentation qu'à la nature intrinsèque de celles-ci en tant que phénomènes parapsychologiques. Cela dit, la différenciation entre télépathie et voyance n'est guère facile.

On a longtemps cru que la télépathie était une faculté plus simple que la voyance, puis de nombreuses expériences établirent qu'il s'agissait en fait de la même faculté sous deux formes distinctes. On essaya ensuite de cerner un autre type de perception extra-sensorielle dont on soupçonnait l'existence depuis longtemps: il s'agissait de la pré cognition. Au cours d'expériences fort simples, le sujet se prêtant au test devait indiquer l'ordre dans lequel des cartes allaient être tirées puis on vérifiait la prédiction du sujet.

C'est à partir de 1942 que Rhine et son équipe de chercheurs commencèrent à rédiger des rapports sur l'existence de phénomènes parapsychologiques à caractère physique, lesquels à partir des expériences conduites avec les médiums étaient connus sous le nom de télékinésie. Afin d'éviter toute association avec les activités propres aux spirites, on introduisit la nouvelle dénomination de psychokinésie. On utilisa diverses méthodes quantitatives afin de vérifier si l'esprit pouvait effectivement exercer une certaine influence sur le mouvement de la matière. Le thème de la pré-connaissance ou pré-cognition et de la psychokinésie posa toute une série de questions nouvelles, non seulement en matière de méthodologie mais aussi au niveau de l'analyse philosophique.

Maintenant, l'utilisation des mathématiques appliquées aux expériences de parapsychologie confère à ce domaine de la recherche une dimension bien plus riche. Elles sont un instrument très utile qui permet de démontrer certains phénomènes et un des éléments même de la recherche pour ce type d'expériences. Ainsi, les statistiques peuvent s'appliquer à la parapsychologie où elles constituent un instrument d'importance, de la même façon que dans les recherches en biologie ou en psychologie. Les mathématiques permettent aux chercheurs d'exprimer quantativement tous les phénomènes observés, et le nombre de recherches effectuées dans le domaine de la parapsychologie ne cesse de croître de jour en jour.

Ajoutons enfin que les progrès réalisés par cette science convergent tous vers la preuve manifeste que les facultés parapsychologiques de l'être humain n'ont rien de fortuit ni de sporadique. Elles constituent au contraire un ensemble de phénomènes qui peuvent parfaitement s'intégrer dans notre vision scientifique du monde contemporain et de la réalité qui nous environne et qui ne sont certes pas en contradiction avec la conception actuelle de l'homme. Elles la complètent et l'enrichissent pour lui donner une nouvelle dimension.

Brèves considérations sur la perception extra-sensorielle (PES)

Les recherches effectuées au cours des dernières années dans le domaine de la parapsychologie et l'étude minutieuse de la nature de la perception extra-sensorielle ont largement contribué à répandre la croyance selon laquelle l'homme est doté de facultés particulières qu'il ignore.

De nombreuses années d'expérimentation ont permis de conclure que les manifestations de PES ne sont pas des phénomènes qui caractérisent certains sujets dotés d'aptitudes extraordinaires mais qu'elles correspondent à un état mental spécifique qui n'est pas exclusivement le fait de quelques-uns comme on le pensait autrefois.

C'est dans la mesure où seuls quelques individus peuvent parvenir à cet état qu'on a longtemps distingué ces facultés de celles que l'on connaissait déjà.

La plupart des scientifiques qui se sont penchés de près sur l'étude de ces facultés mentales très particulières se sont presque tous posé la même question: peut-on apprendre à exercer ces facultés? La réponse est complexe et le problème n'a pas encore été totalement résolu car le sujet ne fait point l'unanimité. Certains chercheurs ont pu conclure que l'on parvenait à développer la PES par la seule pratique soutenue, rigoureusement programmée et dirigée par des spécialistes. A cet égard, il nous semble opportun de signaler qu'il existe toute une littérature spirite qui apprend à développer ces facultés mentales et qui se basent sur la preuve établie que l'on peut améliorer ces aptitudes par le seul exercice mental.

L'éminent scientifique, J.B. Rhine était d'avis que, contrairement à ce que d'autres soutenaient et soutiennent toujours, il était impossible de développer ces facultés par de simples exercices mentaux et basait sa théorie sur la nature inconsciente de l'expérience de PES, se montrant très réservé sur la possibilité d'utiliser ces facultés de façon réelle et consciente. On sait par ailleurs que les perceptions extra-sensorielles ne répondent pas dans leurs expressions conscientes à des caractéristiques fixes. Si l'on établit une simple comparaison entre les perceptions extra-sensorielles et la perception visuelle par exemple, on s'aperçoit que cette dernière présente une caractéristique par rapport aux quatre autres perceptions telles que le goût, l'ouïe, etc., mais qu'il n'en est pas de même avec les perceptions extra-sensorielles. Dès que celles-ci trouvent une voie vers la conscience du sujet, elles se confondent avec des expériences conscientes et ne se laissent plus différencier. Elles peuvent revêtir de multiples caractéristiques et être vécues comme des fantaisies anormales, des intuitions, des pressentiments, des pseudo-hallucinations, etc. En fait il est impossible de les différencier en tant que perceptions extra-sensorielles. Les expériences avec les cartes dont il faut deviner la répartition, ont permis de tirer des conclusions venant appuyer cette observation: en effet le sujet ne peut pas vérifier si ses affirmations sont correctes ou erronées. Avec la perception visuelle, il est possible d'évaluer la qualité de notre perception et de prendre clairement conscience des conditions qui permettent ou non de recevoir la réalité correctement. Or il n'en est pas de même avec la PES: la nature du phénomène extra-sensoriel est décelée lorsqu'elle se confronte avec la réalité.

Toutefois, et fort heureusement, ce trait caractéristique de l'inconscience des manifestations de PES n'est pas un facteur *sine qua non*. Certaines personnes ont eu des expériences extra-sensorielles et ont pu immédiatement en avoir la certitude absolue.

Il est fréquent de vivre ces phénomènes extra-sensoriels comme s'il s'agissait d'expériences hallucinatoires. Cependant, il a été démontré que la pratique, scientifiquement dirigée et rigoureusement programmée, joue un rôle important dans ce domaine. Les sujets qui se prêtent à ces expériences et exercices peuvent arriver à établir certains critères leur permettant d'évaluer l'authenticité et l'exactitude des tests. Nombreux sont les chercheurs qui affirment que l'exercice et la pratique permettent d'établir ces critères d'évaluation. Si cette affirmation pouvait être retenue, le contrôle expérimental des perceptions extra-sensorielles ne saurait être une question épineuse.

Il suffirait de réunir les conditions mentales propices à la PES et d'évaluer ensuite de façon précise les phénomènes vécus sous forme d'hallucinations. S'il en était ainsi, n'importe qui pourrait développer la pratique de ces expériences, étant bien entendu, naturellement, que les résultats seraient différents selon le talent et les aptitudes de chaque individu. D'autres découvertes portant sur l'aspect qualitatif des expériences ont trait à ce que l'on appelle la seconde phase du phénomène de PES, c'est-à-dire l'expression externe de l'information du phénomène expérimenté. Les découvertes sont de nature psychologique et ont été établies grâce à de minutieuses études portant principalement sur des cas intéressants, connus de tous les scientifiques.

Une des caractéristiques de l'expression consciente de la PES est la lenteur du développement des impressions reçues ainsi que leur fragmentation. Un voyant obtient rarement une image immédiate et totale de la réalité qu'il perçoit. Il capte des fragments, des impressions partielles, jamais tout l'ensemble. Une autre caractéristique des phénomènes extra-sensoriels est l'expression consciente sous forme symbolique, ces symboles étant en étroite relation avec les traits psychologiques du sujet expérimentant la PES.

On pourrait affirmer que les phénomènes de PES surgissent au niveau de la conscience dans la mesure où le sujet qui perçoit est apte et mentalement préparé à les vivre. Notons également que ces phénomènes sont toujours empreints d'expériences passées, c'est-à-dire de l'histoire personnelle du sujet qui perçoit et des dispositions mentales particulières dans lesquelles il se trouve au moment de l'expérience.

Les expérimentations les plus diverses ont fait ressortir certains facteurs favorables et conditions propices aux manifestations de PES et par conséquent ont permis de fixer quelques recommandations dont il faut tenir compte avant de commencer à expérimenter dans ce domaine, c'est-à-dire:

- la motivation du sujet;
- les conditions ambiantes favorables et la stimulation de la perception;
- éviter les situations fatigantes qui diminuent les capacités de concentration du sujet;
- susciter un intérêt réel pour ces expériences de manière que les personnes concernées se sentent motivées;
- contrôler de façon permanente le degré d'anxiété et d'inquiétude éventuelle face aux faits nouveaux qui risquent de se produire;
- obtenir la confiance des sujets qui participent aux expériences et éviter toute situation qui puisse faire perdre tout intérêt à cette collaboration.

Lorsque les chercheurs ont évalué les résultats de ces expérimentations, ils ont mis l'accent sur l'état psychologique du sujet et plus particulièrement sur l'importance de la relaxation mentale à laquelle parvient le sujet. En effet, un état d'âme heureux, une prédisposition enthousiaste vis-à-vis de ces expériences exercent une influence positive remarquable sur les résultats obtenus. Les experts recommandent d'éviter les tests trop longs et de communiquer les résultats finals aux personnes qui se prêtent aux expériences. Il faut également renoncer à stéréotyper

les méthodes utilisées afin d'éviter toute mécanisation et lassitude. Un autre fait important qui est ressorti de toutes ces recherches est la qualité des résultats, nettement meilleure dans les épreuves individuelles qu'avec les travaux en groupe.
De récentes découvertes et nouveautés introduites en méthodologie ont eu une influence nettement favorable sur les résultats, ce qui laisse supposer que les nouvelles conditions d'expérimentations et les progrès scientifiques accomplis rendent les recherches plus intéressantes et gratifiantes. On a établi qu'une bonne entente entre le sujet participant à l'expérience et l'expérimentateur favorise les manifestations de PES. Pour toutes les raisons que nous venons d'indiquer, la norme fondamentale qui doit régir le comportement de l'expérimentateur est la nécessité de créer un climat favorable et de bonnes conditions psychologiques pour le sujet qui se soumet aux expériences. Certains expérimentateurs partagent l'idée qu'il faut respecter les souhaits et suggestions des sujets volontaires, surtout en ce qui concerne la répétition et la durée de certains tests.
Il est important de souligner l'importance des conditions qui influent sur la qualité des représentations de PES. On a dégagé certaines caractéristiques sur le plan psychique qui sont les composantes de la PES. L'une de ces caractéristiques essentielles que nous venons de signaler est le niveau inconscient de la PES, tout au moins pour certaines expériences durant lesquelles le sujet ignore s'il dit vrai ou s'il se trompe – avec le jeu de cartes notamment – et si son comportement ou son rendement sont satisfaisants, moyens ou insuffisants. Les phénomènes de PES sont souvent très irréguliers dans leurs manifestations et les résultats peuvent être très décevants au cours de tests prolongés. Les manifestations de PES dépendent en effet de certains états que nous connaissons encore fort mal. Les facultés peuvent aussi se perdre parfois, pour ne réapparaître que lorsque les conditions sont à nouveau favorables.
Les savants qui se consacrent au domaine de la perception ex-

tra-sensorielle et que l'on consulte à propos de la normalité des expériences affirment, presque tous, qu'en principe il n'existe rien de pathologique dans ces tests. Ils considèrent généralement qu'il s'agit de facultés humaines normales et il a été démontré que les résultats positifs obtenus au cours de ces expériences sont dus en grande partie à la confiance du sujet en lui qui permet d'obtenir des résultats positifs en matière de PES. Par ailleurs l'équilibre émotionnel des sujets, leurs bonnes dispositions et l'absence de tendances pathologiques jouent un rôle certain.

Aucune corrélation particulière et digne d'intérêt n'a pu être observée entre les facultés extra-sensorielles et le niveau d'intelligence des sujets au cours de ces expériences. Toutefois, certains chercheurs ont remarqué que les personnes intelligentes obtiennent de bien meilleurs résultats, bien que de nombreux expérimentateurs aient également comptabilisé des résultats surprenants avec des personnes de moindre intelligence.

Certains chercheurs, tels que Vasiliev par exemple, considèrent que les expériences de PES sont des phénomènes de nature atavique et par conséquent un mode de communication permanent entre nos plus lointains ancêtres. Ces facultés propres aux êtres humains diminuèrent peu à peu, pour des raisons qui ne font pas l'unanimité, et disparurent pour céder la place au développement d'autres aptitudes. L'évolution du psychisme de l'homme explique que ces facultés aient pu s'atrophier peu à peu jusqu'à leur moindre expression chez quelques individus et comme résurgence d'états évolutifs appartenant à un passé très éloigné. Cependant de nombreux chercheurs affirment que certaines caractéristiques de la PES et leur grande similitude avec les processus psychologiques supérieurs mettent en évidence le non-fondement de ce présumé caractère atavique. La prise de position selon laquelle il s'agit de facultés naissantes laisse à penser que, dans un avenir plus ou moins éloigné, les individus pourront disposer de moyens considérables qui leur ouvriront

de nouveaux horizons, encore difficilement imaginables de nos jours.
On se demande à l'heure actuelle si les animaux arrivent à percevoir des phénomènes tout à fait imperceptibles à nos cinq sens? Les manifestations des sens des animaux n'étant pas encore parfaitement explorées, il semble difficile de tirer des conclusions confirmant totalement cette hypothèse. Mais il a été établi que certaines espèces pouvaient percevoir des champs magnétiques ou des stimulations sonores que l'homme n'arrivait pas à distinguer. Si de nouvelles observations sur les facultés animales confirment ces données, on sera peut-être bientôt en mesure d'affirmer que les animaux possèdent des facultés de PES.
L'apparente irrégularité de ces facultés est fondamentalement due à ce que la science ne sait encore comment interpréter rationnellement et totalement ce genre de phénomènes. Il ne s'agit en aucune façon de capacités surnaturelles, comme on le croyait dans l'Antiquité et il est certain, en tout cas, que plus on avance dans cette voie, plus les chercheurs sont convaincus qu'il s'agit de facultés normales qui peuvent se manifester de façon régulière et dont l'étude ne diffère par conséquent aucunement de celle d'autres disciplines.

La télépathie

Le terme de télépathie vient des vocables grecs *têle*, loin et *pathos*, sensation. Il est utilisé pour désigner le pouvoir présumé de transmettre des pensées ou des sentiments à distance, sous forme de communication directe entre deux esprits. Ce vocable fut forgé par le célèbre chercheur F.W.H. Myers qui l'employa pour la première fois en 1882 et définit la télépathie comme "la communication d'impression de toute sorte d'un esprit à l'autre, en dehors des voies sensorielles usuelles. Objectivement, la télépathie est une coïncidence inexplicable par le hasard, une perception sensorielle ou un raisonnement conscient ou inconscient entre les comportements ou les états psychophysiologiques des individus".

Il est maintenant prouvé que toutes les expériences télépathiques se produisent de façon parallèle avec une manifestation de sentiments et émotions intenses chez l'individu qui transmet l'information.

Par contre, le sujet qui reçoit l'information ne ressent pas ces mêmes phénomènes et est généralement occupé à une tâche quelconque. Il décrit souvent son expérience télépathique en précisant qu'il s'affaire à quelque chose lorsque soudain il ressent certains troubles qu'il ne sait comment expliquer.

Les termes employés pour désigner les personnes qui entrent en jeu au cours de l'expérience télépathique sont ceux d'émetteur (ou agent) et de récepteur.

La télépathie en laboratoire

Le chercheur Hans Berger fut l'inventeur d'un instrument qui permettait d'enregistrer les ondes émises par le cerveau dans certaines conditions afin de démontrer l'existence d'une énergie psychique qui serait à la base du phénomène télépathique.
Actuellement, les chercheurs ne partagent plus la théorie de Hans Berger pour la simple raison qu'ils partent d'hypothèses différentes. On ne pense plus que la condition sine qua non de la télépathie est l'existence d'une force de nature psychique, et même si les affirmations de Hans Berger pouvaient être démontrées expérimentalement, il serait impossible d'enregistrer l'énergie dont dépend le phénomène télépathique au moyen des instruments conventionnels dont on dispose à l'heure actuelle.
D'autres chercheurs se sont appliqué à reproduire en laboratoire des états émotionnels semblables à ceux qui se manifestent lorsque se produisent des transmissions télépathiques. Ces expériences consistaient à isoler deux sujets dans deux pièces différentes. L'émetteur dans une pièce et le récepteur dans une autre. On essayait alors de créer chez l'agent une certaine situation émotionnelle au moyen de stimuli musicaux et visuels, tandis que le récepteur, isolé dans l'autre pièce, décrivait simultanément tout ce qui lui passait par la tête. On enregistrait soigneusement les résultats sur bande magnétique puis on les confrontait et les soumettait à des chercheurs qui n'avaient pas participé à l'expérience.
Ces tests furent effectués à plusieurs reprises et on obtint des résultats très significatifs. Les coïncidences furent si nombreuses qu'on ne pouvait les attribuer au simple fait du hasard. Les experts, qui étaient tout à fait impartiaux concluèrent qu'il s'agissait de phénomènes de transmission télépathique.
Une soixantaine de personnes participèrent à ces expériences qui furent ensuite répétées à diverses reprises dans des conditions semblables avec les sujets qui avaient obtenu des résultats

intéressants au cours d'autres épreuves. Moss avait en effet observé que les tests effectués avec des personnes qui possédaient certaines caractéristiques aboutissaient à des résultats bien meilleurs. De même, les expériences conduites avec des jumeaux donnèrent des résultats véritablement surprenants. Les jumeaux conservent entre eux une solide unité non seulement sur le plan physique mais aussi sur le plan psychique et parapsychologique. Pour les chercheurs, le cas des jumeaux constitue un parfait exemple de l'existence des phénomènes télépathiques.
Il y a quatre ans à peine, on fit une expérience qui surprit les chercheurs qui l'avait préparée et qui appartenaient tous au Jefferson Medical College de Philadelphie, aux Etats-Unis. On isola des jumeaux dans deux pièces séparées. On leur appliqua des électrodes afin de pouvoir enregistrer leurs ondes cérébrales. L'un d'eux dut garder les yeux fermés tandis que l'autre restait les yeux ouverts.
On releva sur l'encéphalogramme de celui qui avait les yeux fermés les ondes alpha caractéristiques de l'état de repos physique, émotionnel et intellectuel. La vérification fut surprenante: le tracé de l'encéphalogramme de celui qui avait les yeux ouverts se caractérisait par les mêmes ondes alpha que celles de son jumeau. Des tests semblables effectués par la suite sur d'autres jumeaux aboutirent à des résultats identiques.
Des expériences télépathiques simultanées se produisent à maintes reprises pendant le sommeil. Bien des personnes ont déjà eu des rêves au cours desquels elles voient une personne de leur connaissance dans une situation donnée et se souviennent le lendemain avec précision de leur songe; puis, peu de temps après, elles reçoivent la nouvelle que ladite personne a dû affronter les événements rêvés. Même si ces faits se présentent sous forme de symboles pendant le sommeil, le phénomène prémonitoire onirique existe.
L'existence de nombreux cas de ce genre a retenu l'attention des chercheurs qui se sont penchés sur le phénomène onirique

et son rapport avec la télépathie. Afin de pouvoir mener à bien ces recherches, des sujets sont volontairement restés toute une nuit en laboratoire. Ce type de recherches a apporté des données très intéressantes à la parapsychologie moderne et de nombreux laboratoires qui se consacrent à l'étude des songes télépathiques tels que celui de New-York multiplient leurs recherches dans ce sens.

Divers points d'interrogation subsistent et préoccupent les experts. Pourquoi certains individus ont-ils des songes télépathiques et d'autres non? Les chercheurs qui travaillent dans d'autres disciplines se sont également posé cette même question. Freud dans son œuvre fit référence au phénomène télépathique et entreprit diverses études sur ce thème. Il observa que le traitement de psychanalyse auquel certains patients étaient soumis réveillait en eux de profondes émotions. De nombreux psychanalystes ont noté qu'ils parvenaient à établir des contacts télépathiques avec certains de leurs patients. On a également étudié un procédé technique qui permet de détecter le phénomène télépathique survenant au cours du traitement psychanalytique.

On sait que la relation analytique permet certaines associations d'idée, et que ceci est déterminé par les caractéristiques mêmes du processus thérapeutique ainsi que par la fréquence des entrevues. On sait aussi que la fonction télépathique se manifeste lorsque certaines conditions se trouvent réunies.

Parmi les conditions qui peuvent favoriser la communication télépathique, soulignons ce qui ressort du modèle de communication normale que nous connaissons, c'est-à-dire qu'une personne doit agir comme émetteur et l'autre comme récepteur. Il doit en outre exister entre elles un certain degré d'affinité. En général, l'impression télépathique se manifeste sous différentes formes, parfois sous forme onirique et quelquefois sous forme d'images mentales pendant l'état de veille.

Le moment favorable pendant lequel le phénomène télépathique se manifeste généralement est celui de semi-conscience

du sujet ou bien celui qui précède immédiatement la veille ou encore lorsque le sujet est sur le point de s'endormir.
Un des facteurs que l'on a également pu constater au cours des expériences est celui de la distance. La plus ou moins grande proximité entre les deux sujets n'a aucune influence quant au résultat de l'expérience. Certains chercheurs ont remarqué que les femmes semblaient plus douées en tant que sujets récepteurs. On a également observé que le niveau culturel des individus dotés de facultés télépathiques ne détermine en rien la qualité ou la fréquence de ce type d'expériences.

Classification du phénomène télépathique

La télépathie est l'un des phénomènes parapsychologiques que l'on étudie à l'heure actuelle avec le plus grand intérêt dans les centres de recherches sur les phénomènes extra-sensoriels, dans le monde entier. Les travaux effectués jusqu'à présent ont permis d'établir la classification suivante.

Phénomène télépathique spontané

Les phénomènes télépathiques spontanés sont tous ceux qui se produisent hors du contrôle des expérimentateurs.

Exemple

Une patiente décrivit à son psychiatre l'expérience suivante: "Je me trouvais à New-York, ville où nous avions mon mari et moi décidé de passer quinze jours de vacances. Après une sérieuse dispute avec mon époux, je décidai de me rendre seule au théâtre. Au bout d'une quarantaine de minutes environ, je commençai à éprouver une curieuse sensation. J'eus alors envie de retourner à l'hôtel où mon mari devait en principe être resté.

Mais je sentais que je ne pouvais pas faire un seul pas et que quelque chose d'étrange m'arrivait.
Soudain je perçus l'image de mon mari puis une autre où il demandait secours. Je me sentis désespérée et voulus crier.
Les spectateurs assis près de moi me demandèrent ce qui m'arrivait: je ne pus répondre et voulus sortir aussitôt.
Je me rendis à l'hôtel pour retrouver mon mari. La première chose que je demandai à la réception en arrivant à l'hôtel fut si M. ... se trouvait bien dans sa chambre. On me répondit qu'il en était sorti une heure plus tôt pour aller se promener. Essayant de me rassurer, j'attendis son retour dans ma chambre. Au bout de deux heures d'attente interminables, je reçus un coup de téléphone m'annonçant que mon mari était hospitalisé à la suite d'un accident de la route, que ce n'était pas très grave et qu'il se trouvait hors de danger bien que souffrant de sérieuses blessures. Lorsque je le retrouvai, je me sentis en proie à d'étranges émotions tandis que lui tâchait de rester lucide comme pour me prouver que rien de grave n'était arrivé. Une fois rassurée, je pus lui raconter ce que j'avais ressenti au théâtre et autant que nous pûmes en juger, l'accident eut lieu au moment même où toutes ces désagréables images traversèrent mon esprit".
De nombreux cas comme celui-ci pourraient illustrer les phénomènes de télépathie spontanée. Certains chercheurs affirment que la plupart des cas de télépathie spontanée concernent des événements généralement malheureux.

Phénomène télépathique expérimental

Il s'agit de phénomènes télépathiques obtenus en situation expérimentale dans des centres de recherches parapsychologiques, sous le contrôle de spécialistes et d'instruments appropriés.
La première institution créée pour la recherche expérimentale des phénomènes parapsychologiques fut la Société pour la Re-

cherche en Psychiatrie, fondée à Londres en 1882 afin d'introduire les méthodes scientifiques dans l'étude et l'expérimentation des phénomènes paranormaux. Ses origines remontent à 1873 lorsque se réunit à Cambridge auprès de H. Myers un petit groupe de chercheurs dans le but d'étudier les phénomènes mentaux. Les expériences qu'ils effectuèrent furent si intéressantes que dès 1882 la Société pour la Recherche en Psychiatrie fut fondée à l'initiative du chercheur W. Barrett et d'un autre collaborateur, J. Romanes. Cette Société avait pour objet la recherche rigoureusement et scientifiquement contrôlée de toutes les manifestations telles que la télépathie, l'hypnotisme, la méthode dite du Mesmérisme, etc. Ses travaux furent particulièrement féconds et peuvent se résumer ainsi: diverses réunions furent tenues afin de sélectionner et compiler toutes sortes de faits et phénomènes, rigoureusement analysés par la suite. Plusieurs enquêtes furent menées (interrogatoires et confrontations de témoins) afin d'établir des statistiques. Les résultats de cette énorme tâche menée à bien par les membres de la Société furent rassemblés et publiés dans une longue série de volumes intitulés *Proceedings of the Society for Psychical Research.* A partir de 1882, les laboratoires commencèrent à ouvrir leurs portes à la recherche dans le domaine des phénomènes parapsychologiques.
Il est intéressant de noter qu'en 1930 l'Université de Duke s'orienta vers l'étude et la recherche sur les phénomènes télépathiques; la direction du programme fut confiée au célèbre professeur Rhine, considéré comme le savant le plus éminent en parapsychologie. Rhine fut le premier à démontrer l'existence de la télépathie et certains de ses collègues affirment que la véritable histoire de la science parapsychologique débute avec Rhine.
Ses recherches portèrent essentiellement sur le couple télépathique, c'est-à-dire sur un agent qui envoie un message et un récepteur qui le reçoit. C'est avec un grand interêt qu'il étudia la

transmission de symboles d'un sujet à l'autre, confrontant son interprétation avec la méthode statistique.

Les chercheurs de l'Université de Duke eurent recours à un système particulier pour effectuer leurs recherches et établir leurs preuves. Il s'agissait d'un jeu de cartes que l'on connaît dans le monde de la parapsychologie sous le nom de cartes de Zener. Le jeu comprend vingt-cinq cartes de cinq séries de cinq motifs différents. Le principe de l'expérience consistait tout simplement en ce que le sujet devait deviner le motif des cartes tirées sans qu'il puisse les voir.

Après de longues séries d'expériences, Rhine publia ses premiers résultats. Ils étaient une preuve irréfutable que la transmission télépathique constituait un fait concret et précis.

LES CARTES ZENER

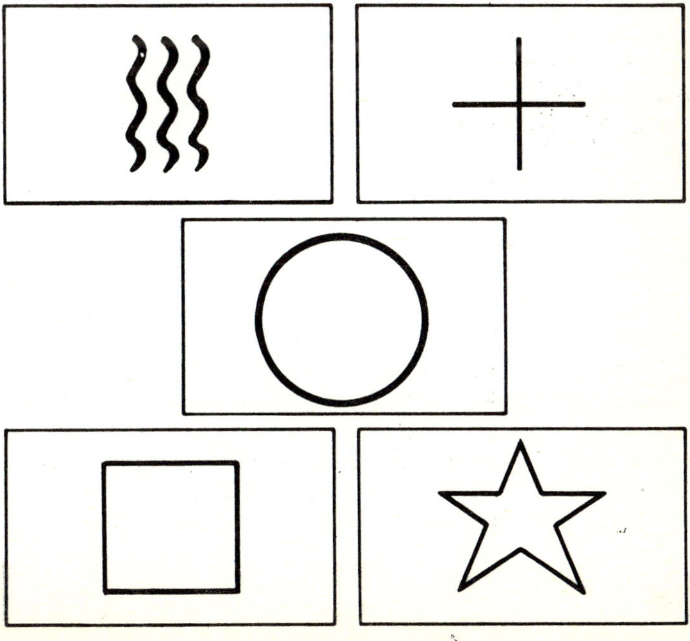

Principes résultant des facultés télépathiques

Les résultats obtenus permirent d'établir bientôt certains principes:

1. La nature intrinsèque du phénomène télépathique, la forme sous laquelle il apparaît, la finalité et les moyens qui interviennent sont autant de facteurs que l'on ignore encore totalement.
2. La communication télépathique devient bien plus aisée dès lors qu'il existe des liens d'affection ou d'amitié entre les sujets.
3. La transmission des messages télépathiques peut s'effectuer dans toutes les directions et à n'importe quelle distance.
4. Les communications télépathiques ne sont ni déviées ni modifiées par la présence d'obstacles. (On eut recours à divers moyens afin d'isoler les participants: le phénomène télépathique se déroula sans difficulté aucune).
5. La plupart des gens sont en mesure de pouvoir établir des communications télépathiques.
6. La majorité des sujets émetteurs sont du sexe masculin tandis que les récepteurs du sexe féminin prédominent.
7. Les messages télépathiques sont en général des fragments et on a rarement pu constater la transmission télépathique d'un message complet.
8. Celui qui transmet et celui qui reçoit le message imprègnent le message télépathique d'éléments appartenant à leurs propres émotivité et personnalité.
9. On peut transmettre par télépathie des mots, des perceptions, des mouvements et des symboles.

Le développement des facultés télépathiques

La première chose à faire lorsque l'on souhaite développer ses facultés télépathiques est de sélectionner la personne avec laquelle on va effectuer l'apprentissage. Ce premier point est extrêmement important. Il ne faut surtout pas choisir une personne avec laquelle on ne s'est jamais parfaitement entendu et les deux critères fondamentaux sont une sympathie mutuelle et le désir de s'initier à la communication télépathique dans une atmosphère d'harmonie mutuelle. Ces expériences peuvent très bien avoir lieu en groupe et ce d'autant plus si l'une des personnes est dotée de facultés extra-sensorielles.

L'entraînement doit s'effectuer dans une ambiance agréable et amicale, en évitant que ne s'installe un climat de compétition entre les membres du groupe. L'esprit de collaboration et la sympathie mutuelle sont les deux principaux facteurs qui permettront au groupe d'atteindre l'objectif recherché.

Après avoir déterminé le nombre de personnes qui participeront aux expériences, la première tâche à entreprendre consiste à s'informer le mieux possible sur la communication télépathique. Toutes les connaissances que l'on peut acquérir sur l'émission et la réception de l'information à distance d'un esprit à un autre sont extrêmement précieuses.

Expériences avec des objets

Afin que ces expériences puissent se dérouler de façon positive, il est bon de conserver un certain degré d'optimisme car le pessimisme tout comme la crainte sont des facteurs négatifs qui paralysent les facultés mentales.

L'utilisation d'objets servant d'intermédiaires offre d'énormes avantages et favorise le développement de la capacité d'association des personnes qui participent à l'expérience.

Le sujet émetteur devra choisir un objet quelconque qui lui appartienne ou bien qui ait une signification affective pour lui. S'il s'agit d'un objet de faible volume, il le gardera dans l'une de ses mains sans que les autres puissent le voir. Il s'efforcera alors de se concentrer très calmement sur cet objet puis essaiera d'asso-

cier idées et souvenirs avec cet objet, en laissant refluer vers sa conscience toutes les associations que celui-ci lui suggère.
Ses compagnons essaieront alors de se concentrer également dans le plus grand calme afin de recevoir les impressions que l'agent tentera de transmettre.
Par exemple, si l'objet choisi est une pièce de monnaie, il est probable que les récepteurs imagineront toutes sortes de choses ayant un rapport avec l'argent. Il est bon de prendre note de toutes les associations, sensations ou sentiments que les sujets ressentent au cours des séances afin de pouvoir les exprimer oralement à la fin des essais. On pourra ainsi vérifier si l'expérience est sur la bonne voie et s'il existe des affinités télépathiques dans le groupe. On peut se réunir de temps à autre uniquement pour partager des impressions ressenties spontanément. Il est vivement déconseillé de précipiter les événements. La durée de ces réunions peut être fixée à l'avance ou bien varier selon les caractéristiques émotionnelles du groupe. En fait, les situations qui se présenteront au cours des séances détermineront le temps de travail souhaitable pour le groupe en fonction de toute sorte de circonstances.
Il n'est pas nécessaire que les participants devinent très rapidement le nom de l'objet choisi pour l'expérience. Ce qui compte, avant tout, c'est l'ensemble et la qualité des associations ainsi que les impressions relevées. Il faut également faire remarquer qu'à certains moments, des faits très significatifs peuvent surgir tels que des associations très proches de la nature et de la signification de l'objet choisi par l'émetteur, et même, des impressions qui n'ont pas du tout effleuré la conscience de l'agent. Si l'objet en question a appartenu à une autre personne et possède un sens affectif très particulier, les participants peuvent apporter des données très significatives sur cet objet ou sa relation avec son ancien propriétaire. Si des données apparemment sans importance surgissent au cours d'une réunion, le nouveau propriétaire de l'objet devra s'informer dans la mesure du pos-

sible de tout ce qu'il ignore à propos de cet objet ou de la personne qui le possédait auparavant.
Il ne faut pas oublier que les impressions qui surgissent dans l'esprit des participants sont bien souvent fort utiles à l'entraînement et qu'il ne faut rejeter aucune association à première vue. Avant d'éliminer une donnée quelle qu'elle soit, il est bon d'épuiser auparavant toutes les possibilités de trouver un sens à l'information apportée.

Expériences avec des personnes ou des noms propres

Afin de varier les expériences, on peut fort bien choisir une personne que l'agent (émetteur) connaît. Ce sera une personne avec laquelle il entretient d'excellentes relations affectives et, condition sine qua non, que les autres personnes ne connaissent pas. C'est uniquement ainsi que l'on pourra prendre en compte les associations qui apparaîtront.
L'émetteur devra se concentrer sur la personne choisie et inscrira son nom sur une carte dans une enveloppe fermée.
Il se peut souvent que le nom de la personne en question ne soit révélé par aucun des membres du groupe; par contre, diverses informations intéressantes, concordant parfaitement avec la réalité, peuvent être transmises. Ce qui est important, en fait, c'est d'accepter toute association qui se présente comme une donnée de plus qui peut être ensuite confirmée par un examen de la part de l'émetteur.
On peut également, dans certains cas, établir une liste de toutes les données que l'on ne communiquera qu'en fin de séance.
Certains chercheurs affirment que le fait de travailler en groupe permet de développer bien mieux les facultés mentales.

Le groupe et les facultés mentales

On affirme que les énergies individuelles s'ajoutent pour renfor-

cer les facultés mentales du groupe, permettant ainsi d'obtenir des résultats véritablement surprenants.
On peut constater ce phénomène au cours de l'expérience suivante: un membre du groupe présentant des dispositions particulières pour la réception restera seul dans une pièce, tandis que ses compagnons de travail se grouperont tous dans une autre pièce et se concentreront sur la pensée à transmettre.
Cette expérience n'aboutira à des résultats satisfaisants que lorsque le groupe aura déjà acquis un certain entraînement et une symbiose suffisante pour que les phénomènes télépathiques se manifestent.
Dès que la transmission se sera produite, le récepteur ira retrouver le groupe et décrira en détail toutes les sensations et émotions qu'il aura éprouvées au cours de l'expérience.
On peut également effectuer cette expérience avec une image ou un dessin choisi parmi d'autres, parce qu'il suscite de vives émotions. Après avoir reçu les différents messages, le récepteur aura alors la possibilité d'examiner tous les dessins parmi lesquels le groupe a choisi le plus intéressant. On lui demandera de les observer attentivement et de dire quel est celui qui lui rappelle les émotions et sensations reçues. Après que le récepteur a pu visualiser le dessin, on essaiera d'isoler les données qui lui ont été transmises.
Un autre point très intéressant consiste à vérifier, par un minutieux examen, les détails transmis par chacun des émetteurs. Cela devrait permettre de trouver les sujets les plus dotés, qu'il s'agisse des émetteurs ou des récepteurs. Après diverses expériences et examens, on pourra clairement différencier les uns des autres, ce qui enrichira les expériences suivantes et améliorera la communication télépathique du groupe.
Chaque fois que le groupe se réunira pour effectuer des séances d'expérimentation, il faudra rappeler que l'objectif de chaque réunion est précisément d'augmenter graduellement la communication télépathique du groupe et d'en améliorer la qualité.

La pré-cognition

Il y a fort longtemps que le phénomène de pré-cognition (ou pré-connaissance) retient l'attention et de nombreux savants et chercheurs du monde entier se consacrent plus que jamais à l'étude de ce phénomène.

La caractéristique la plus intéressante et la plus curieuse de ce phénomène de PES est la possibilité de franchir la barrière du temps. Il serait possible grâce à ce phénomène d'arriver à percer le mystère de faits ayant appartenu à un passé très lointain ou bien d'événements à venir. C'est précisément cette dernière possibilité qui offre le plus grand intérêt et qui surprend davantage lorsqu'on songe aux pouvoirs potentiels de l'être humain grâce à ses facultés mentales.

On possède maintenant divers témoignages d'un grand intérêt sur des faits spontanés de pré-cognition, que ce soit sous forme de rêves prémonitoires ou de pressentiments annonçant, avec une surprenante précision, des faits qui ne surviendront que bien plus tard.

Entre les années 1920 et 1930, le savant anglais W. Carrington effectua de multiples expériences dans le domaine des phénomènes parapsychologiques en utilisant des dessins. Il demandait aux sujets récepteurs de dessiner ou d'essayer de retracer avec la plus grande précision possible un dessin qu'il avait lui-même réalisé et conservé. W. Carrington esquissait en effet un nouveau dessin tous les jours, tandis qu'un groupe de collaborateurs s'employait à comparer les travaux réalisés afin d'en tirer des conclusions. Les résultats obtenus furent particulièrement intéressants, car certains dessins ne ressemblant en rien à celui que le savant avait tracé le jour même, étaient similaires à d'autres qu'il avait réalisés quelques jours auparavant.

L'étude de toute une série d'expériences paranormales spontanées permit de réunir de précieux renseignements concernant des événements à venir sous forme d'images et de songes qui, plus tard, devaient s'accomplir. La manifestation de ces phénomènes peut varier de façon considérable. Il peut s'agir de songes ou encore d'images qu'il est difficile de définir avec précision, accompagnées parfois de sensations vagues et de sentiments très forts d'angoisse et même de certains malaises physiques. Nous allons décrire l'expérience vécue par un sujet qui accepta de participer à un travail en équipe avec des chercheurs, à la suite de faits qui lui étaient arrivés auparavant et qu'il expliqua ainsi:

"En 1976, je dus quitter mon pays afin de poursuivre des études en Europe. Je me séparai alors d'un de mes collègues qui était en parfaite santé et avec lequel je correspondis pendant une année environ. Le 7 février, date de son anniversaire, j'envoyai à mon ami qui avait alors 38 ans, une carte à laquelle il ne répondit pas. Ceci m'étonna car il répondait habituellement à toutes mes lettres assez rapidement mais je ne voulus point attacher plus d'importance au fait et attendis sa réponse, sans m'en inquiéter davantage. Le 5 mars, je sortis faire un tour dans la rue, c'était une journée spéciale: je n'avais aucune envie d'assister aux cours et préférais marcher et prendre l'air. Vers sept heures du soir environ, il m'arriva quelque chose d'étrange.

Je me sentis franchement mal et en proie à des sensations tout à fait bizarres. Vers dix heures, je décidai de me coucher et essayai, mais en vain, de trouver le sommeil. Je me levai deux heures plus tard pour fumer une cigarette puis me couchai à nouveau et réussis enfin à m'endormir, pour ne me réveiller que le lendemain matin, fort tard et en proie à une grande dépression et aux mêmes sensations que la veille. Mais la chose la plus étrange est le rêve que je fis cette nuit-là: je me vis en effet rentrer au pays et assister à la veillée funèbre de mon ami à qui, un mois plus tôt, j'avais envoyé la carte d'anniversaire. Je décidai de téléphoner à ma famille qui m'apprit, hélas, le décès de mon ami, survenu quelques heures auparavant".

L'ami de la personne qui raconte cette expérience décéda la nuit même du songe, bien que l'impression de malaise ressentie plus tôt dans la journée est généralement simultanée à ce type de phénomènes. Les pressentiments qui laissent présager la mort de personnes chères s'accompagnent bien souvent d'émotions étranges et peu communes.

La pré-cognition est une faculté parapsychologique qui présente certaines restrictions. Il semble en effet que les sujets dotés de cette faculté ne peuvent avoir aucune vision de leur propre avenir bien que l'on connaisse le cas d'une femme qui, il y a une cinquantaine d'années environ, put prédire sa mort; mais ces cas sont peu fréquents.

Au travers d'expérimentations diverses et de faits rapportés, on a pu observer que les prédictions portaient sur des faits bien précis et concrets. Elles se présentent généralement de façon fragmentaire, au travers d'images isolées à partir desquelles il est possible de déduire ou d'interpréter des faits d'ordre général. Les prédictions s'obtiennent rarement directement mais à travers l'interprétation de symboles ou bien la déduction d'images dont le sens est concret.

Le nombre de phénomènes manifestes de pré-cognition et l'intérêt qu'ils suscitèrent chez les chercheurs expliquent la raison pour laquelle on décida de mettre au point certaines expériences permettant de déterminer les traits caractéristiques de ces phénomènes. Les données dont on dispose à l'heure actuelle permettent de penser qu'il existe un rapport étroit entre la préconnaissance et d'autres phénomènes de PES.

Comment peut-on expliquer le phénomène de la pré-cognition? C'est une question que se posent de nombreux chercheurs dans le monde entier. Il existe diverses explications, certaines tout à fait invraisemblables, d'autres, par contre, plus faciles à admettre et qui se basent sur des expériences scientifiques et rationnelles.
Certaines des hypothèses proposées réduisent la pré-connaissance à un simple phénomène télépathique et se basent sur la supposition que les intentions et projets des êtres humains sont emmagasinés d'une certaine façon dans l'inconscient et peuvent, grâce aux possibilités télépathiques, être connus par d'autres sujets dotés de facultés leur permettant de prédire le cours de certains événements. L'hypothèse selon laquelle il existe "une conscience collective universelle", comprenant dans sa totalité des faits appartenant à l'histoire et à l'avenir, est bien connue.
Une autre hypothèse soutient qu'il existe une faculté spéciale permettant à quelques individus de puiser certaines informations pour en déduire l'avenir.
Enfin une troisième théorie affirme que la pré-connaissance est une des variantes des facultés de PES mais avec un trait bien caractéristique: la possibilité de franchir la barrière du temps. Deux étapes bien distinctes ont été mises en évidence dans le déroulement des phénomènes paranormaux. Au cours de la première, l'information sur le fait à venir est transmise au sujet récepteur. Au cours de la seconde, cette information surgit à la conscience du récepteur. Le phénomène de la pré-connaissance se différencie des autres phénomènes de PES en ce sens que l'information se propage dans le temps contrairement à ceux-ci où l'information s'étend dans l'espace.
La pré-connaissance est un phénomène difficilement accepté même actuellement et qui suscite de grandes réticences. Bien sûr, comme dans tous les cas de phénomènes paranormaux, dès qu'il s'agit d'accepter l'évidence, nos schémas mentaux s'af-

faiblissent. L'acceptation totale de ces phénomènes requiert une profonde modification de nos structures psychologiques. Le simple fait que des personnes puissent arriver à prévoir des événements qui se produiront ultérieurement suppose des dimensions nouvelles que nous connaissons fort mal, bien que nous sachions qu'elles existent et qui s'imposent à nous comme une réalité, conformément aux recherches que l'on a pu effectuer jusqu'à présent.

Les phénomènes de pré-cognition en laboratoire

Sur le plan expérimental, de nombreuses recherches ont été effectuées afin de confirmer l'existence des phénomènes très complexes de la pré-connaissance. Les travaux expérimentaux classiques auxquels on a souvent eu recours afin d'illustrer ces phénomènes sont ceux qui furent effectués dans les laboratoires de l'Université de Duke.

Pour réaliser les tests d'anticipation sur l'avenir, on utilisa tout d'abord un jeu de cartes. Le sujet qui se prêtait à l'expérience annonçait l'ordre dans lequel il pensait que les cartes qui allaient lui être présentées sortiraient. Les résultats obtenus ne furent pas concluants. En marge de certains résultats positifs, on obtint beaucoup de résultats négatifs. On modifia alors les méthodes employées et l'on créa des tests différents.

S.G. Soal effectua des expériences fort intéressantes dans ce domaine, et que l'on cite souvent en exemple comme preuve de l'existence du phénomène de pré-cognition. S.G. Soal utilisa pour la plupart de ses expériences les méthodes créées par le savant J.B. Rhine mais avec un pourcentage assez élevé de résultats négatifs au premier abord. Pourtant, lorsqu'on contrôla toutes les expériences réalisées, on obtint finalement de bien meilleurs résultats. On put en effet démontrer qu'au cours de certains tests avec des dessins, si les sujets ne parvenaient que

rarement à capter celui dessiné simultanément, ils devinaient par contre bien souvent celui qui allait être tracé le lendemain. Sur la base de cette expérience, S.G. Soal put vérifier que certains sujets pouvaient deviner la carte qui suivait celle qui leur était présentée. Ces résultats surprenants autant que significatifs donnèrent lieu à une nouvelle série d'expériences.
S.G. Soal et ses collaborateurs effectuèrent leurs recherches avec un matériel différent de celui utilisé par J.B. Rhine. Les jeux de cartes furent modifiés et quatre personnes participèrent aux tests: le sujet qui se prêtait à l'expérience, deux personnes qui effectuaient des contrôles et l'expérimentateur lui-même. Ces expériences eurent lieu au cours des années 1941 et 1942 et les résultats obtenus au cours de ces travaux permirent de démontrer l'existence du phénomène de la pré-cognition. En fait, c'était la carte sur laquelle portait l'expérience suivante qui était souvent devinée.
Quoi qu'il en soit, en l'état actuel des connaissances, certains savants soutiennent que les preuves expérimentales obtenues jusqu'ici sont encore bien insuffisantes si l'on cherche à démontrer l'existence dudit phénomène en tant que possibilité de capter de façon directe les faits et événements à venir. Ils acceptent néammoins l'existence éventuelle d'une faculté de ce genre, bien que ce phénomène puisse être vraisemblablement expliqué par des raisons différentes de celle de la simple connaissance de faits appartenant à l'avenir. Espérons que de nouvelles expérimentations nous permettront d'en savoir plus long sur tous les faits ayant trait à la pré-connaissance, domaine encore trop mystérieux. Il est bien certain qu'en niant le phénomène, on refuse d'accepter qu'il existe des plans différents de la réalité que nous connaissons au travers de nos cinq sens.
Les cas les plus surprenants de pré-cognition, de nos jours comme par le passé, sont toujours spontanés et se produisent généralement dans certaines circonstances bien précises, parfois pendant le sommeil ou bien encore en état d'hypnose.

L'une des expériences les plus importantes qui aient été effectuées afin de démontrer l'existence de la pré-connaissance a été conduite par le spécialiste W. Tenhaeff. En 1951, une réunion devait avoir lieu dans la ville de Rotterdam. Dans la salle prévue à cet effet, on avait disposé trente sièges. On désigna un siège quelconque à Tenhaeff et on lui demanda qui occuperait le siège en question. Tenhaeff qui se prêtait volontairement à l'expérience demanda au bout de quelques instants qu'on lui montre une autre chaise car il lui était impossible de transmettre une information quelconque sur le siège choisi. L'expérimentateur acquiesça et choisit une autre chaise sur lequel Tenhaeff révéla les faits suivants: le siège serait occupé par une femme qui avait des cicatrices sur le visage à la suite d'un accident de voiture survenu en Italie. Il ajouta que dans son esprit, il associait cette femme en question avec la "Sonate au Clair de Lune".

Quelques jours plus tard, la réunion eut lieu comme prévu à Rotterdam et le premier siège choisi demeura inoccupé car trois invités se désistèrent au dernier moment. Le second siège sur lequel portèrent les révélations de Tenhaeff fut occupé par une femme, italienne, qui portait des cicatrices sur le visage à la suite d'un accident de voiture qui lui était arrivé quelques jours plus tôt. Cette personne avait une très nette préférence musicale pour la sonate de Beethoven qui symbolisait et lui rappelait un événement bien précis de sa vie.

G. Croiset qui collabora pendant de longues années avec Tenhaeff effectua de nombreuses autres expériences en utilisant cette même méthode et en obtenant toujours d'excellents résultats.

La voyance

La voyance est une forme de connaissance paranormale, apparemment indépendante de l'activité sensorielle ou rationnelle d'un sujet.
On peut tenter de définir la voyance comme une coïncidence inexplicable, une perception sensorielle ou un raisonnement conscient ou inconscient entre l'état psychophysique d'un individu (ou sa conduite) et un fait objectif.
Dans le cas de la voyance, on prend directement connaissance de l'acte psychique; on peut voir ce qui arrive, ce qui est arrivé ou bien ce qui va arriver, de façon immédiate et parfaitement claire.

Les différents types de voyance

Si on étudie de plus près le concept de la voyance, on s'aperçoit qu'il existe une certaine similitude avec la définition que nous avons donnée de la télépathie. A l'heure actuelle, nombreux sont les savants qui pensent qu'il s'agit là d'un seul et même phénomène sous différents aspects.
Ainsi Amédou définit la voyance comme une correspondance extra-sensorielle entre un état mental du sujet et un objet, un fait du présent, du passé ou du futur.
Nous pourrions différencier les phénomènes de voyance en

deux grands groupes: ceux qui sont spontanés et ceux à caractère expérimental obtenus en laboratoire.

R. Muntañola suggère la classification des phénomènes de voyance selon la façon de se comporter du sujet concerné et propose quatre classifications pour ce phénomène:

- voyance intuitive et perceptive, selon le type de phénomènes, c'est-à-dire purement mentale ou bien induite par une quelconque stimulation physique;
- voyance télesthésique ou phénomène conduisant à la connaissance de faits lointains dans l'espace;
- voyance tactile ou psychoscopie. Pour que le phénomène se produise, il faut que le sujet voyant puisse être en contact avec différents objets évocateurs qui agissent comme des catalyseurs;
- radiesthésie et téléradiesthésie ou phénomènes de voyance permettant de capter les ondes émises par tous les corps et par exemple de localiser les eaux souterraines ou bien la nature, la composition et les propriétés des corps. La sensibilité particulière des sourciers, des chercheurs de métaux, de pétrole, etc. appartient au domaine de la radiesthésie.

Voyance spontanée

La voyance spontanée est plus importante que la voyance expérimentale, toutefois elle est bien plus difficile à enregistrer et à étudier.

De même que pour divers autres phénomènes de PES (la télépathie par exemple), ni le temps ni l'espace n'ont d'importance, ni l'âge ni le sexe du voyant n'ont d'influence.

Voyance expérimentale

La voyance expérimentale a lieu en laboratoire sous la direction et le contrôle des expérimentateurs qui s'appliquent ensuite

à étudier ces phénomènes à l'aide de méthodes mathématiques et statistiques.
L'un des tests les plus utilisés pour l'étude et la recherche sur la voyance est celui que l'on effectue à l'aide des cartes dites de Zener. Certains de ces jeux de cartes sont blancs avec des figures de couleur noire mais il en existe d'autres de couleurs différentes que l'on utilise selon les cas et les sujets qui se prêtent à ces expériences.
Au cours des tests effectués avec les cartes de Zener, les sujets doivent décrire l'ordre dans lequel sont tirées les cartes qui ont été préalablement mélangées par l'expérimentateur ou un moyen approprié quelconque.
Une des caractéristiques fréquemment observée au cours de ces expérimentations en laboratoire est que les sujets présentent au bout d'un certain temps une diminution progressive de leurs pouvoirs. Il semblerait donc que ce type de facultés accuse une certaine fatigue, une fois écoulé un certain temps. C'est la raison pour laquelle ces expériences ne peuvent en général durer très longtemps.

Exemple d'une série d'expériences mettant en évidence l'existence du phénomène de voyance

Pavel Stépanek accepta de se soumettre à de nombreuses expériences sur la PES peu après la découverte de ses facultés paranormales à la suite d'une expérience d'hypnose.
Pavel Stépanek devait identifier la couleur d'une carte que l'on avait glissée dans une enveloppe opaque. Il eut toujours le choix entre deux possibilités, c'est-à-dire blanc ou vert ou bien blanc ou noir, etc., de sorte qu'au départ les chances de réussite étaient toujours de l'ordre de 50%. Pavel Stépanek obtint une moyenne de bonnes réponses de l'ordre de 60% au cours de ces tests.

Certains chercheurs estiment qu'il faut tenir compte d'un pourcentage plus élevé de réussites avant de conclure à quoi que ce soit. Cependant il est évident, de par la façon systématique dont ces épreuves furent menées, que le sujet qui obtenait un tel pourcentage de bonnes réponses était doté de facultés de PES.
Une partie importante des expériences réalisées avec Pavel Stépanek permit d'étudier les caractéristiques de la PES. Toutefois, les premières expériences servirent à démontrer l'existence des phénomènes de PES et la répétition du comportement du sujet dans certaines conditions, qui laissaient de côté toute perception sensorielle et éliminaient les erreurs possibles au moment de l'évaluation des résultats.

Les expériences

Un physicien tchèque, Milan Ryzl, entreprit de diriger les recherches avec un certain nombre de personnes qui acceptèrent de se soumettre à des expérimentations sur les facultés de PES. Son propos était de parvenir à concevoir des objets par voyance et en état d'hypnose.
Pavel Stépanek participa à ces tests, tout d'abord en état d'hypnose puis à l'état de veille. Les tests portèrent sur des variations de couleur. Les sujets devaient deviner de quel côté les cartes étaient retournées, face blanche ou bien face verte. Les cartes étaient placées dans des enveloppes opaques fermées. Pavel Stépanek obtint des résultats très encourageants dès qu'il commença à se prêter à ces expériences et confirma qu'il était doté de facultés paranormales certaines. En effet, aucun des sujets qui avaient pris part aux expériences ne put faire preuve d'autant de sensibilité et n'obtint de résultats aussi brillants. Bien que ces tests soient relativement fatigants, Stépanek continua de participer aux recherches et obtint chaque fois des résultats très intéressants.

Les méthodes expérimentales mises au point par Milan Ryzl furent extrêmement utiles, et au cours des recherches effectuées entre les années 1960 et 1964, Stépanek obtint un pourcentage de bonnes réponses de 8% supérieur aux 50% escomptés par les chercheurs.

Les expériences furent poursuivies sur un mode différent par la suite, mais en dépit de tous les efforts fournis, les réponses obtenues ne furent guère satisfaisantes cette fois.

On envisagea la possibilité d'éliminer le recours à toute perception sensorielle et l'on plaça les enveloppes à l'intérieur d'autres enveloppes que nous désignerons par la suite comme les enveloppes A. L'un des collaborateurs les plus proches de Stépanek remarqua que ce dernier n'obtenait plus d'aussi bons résultats qu'auparavant. Le pourcentage de bonnes réponses était inférieur à celui que l'on avait noté au cours des premières expériences.

C'était comme s'il captait l'impression de couleur verte de l'enveloppe A. Il commença en effet à répondre plus fréquemment "blanc" par exemple, pour certaines enveloppes ou bien "vert" chaque fois qu'on lui présentait toute autre série d'enveloppes, indépendamment du sens des cartes à l'intérieur des enveloppes. Pouvait-on en déduire que Stépanek se souvenait, consciemment ou non, de la rugosité du papier? Il était curieux de voir comment il arrivait à uniformiser les deux épaisseurs de papier et à les considérer en tant qu'unité. Stépanek n'arrivait jamais à voir les deux faces de la même enveloppe au cours d'une épreuve. Les chercheurs poursuivirent leurs recherches et Stépanek concentra son attention sur certaines cartes.

On soupçonna que Stépanek parvenait à reconnaître les enveloppes A grâce à ses facultés paranormales. On décida alors d'ajouter un autre type d'enveloppes au cours des épreuves. On choisit des enveloppes en carton opaque très fin que nous appellerons enveloppes B. Toutes ces enveloppes B contenaient une enveloppe A qui, à son tour, renfermait une enveloppe con-

tenant une carte. Cependant Stépanek obtint encore de bons résultats, devinant vert pour certaines enveloppes et blanc pour les autres.
Les expériences furent poursuivies et étonnèrent les chercheurs que les facultés de Stépanek déconcertaient de plus en plus. Tout au début des épreuves, Stépanek réussit à capter les premières impressions des cartes ou des enveloppes, puis des enveloppes A (mais uniquement de quelques-unes d'entre elles). Beaucoup étaient "semblables" et Stépanek les considérait comme blanches au hasard. Il concentrait son attention sur quelques-unes qu'il qualifiait de blanches, même lorsqu'elles se trouvaient à l'intérieur des enveloppes B, de sorte qu'il les identifiait grâce à ses facultés de PES.
A la suite de toutes ces épreuves et bien que les résultats n'aient pas toujours été très satisfaisants pour certains tests, on établit l'hypothèse suivante: au cours d'une première série d'épreuves, Stépanek repérait au toucher et à maintes reprises les enveloppes et parvenait ainsi à établir un rapport étroit entre certaines enveloppes et la couleur verte ou blanche, puis une fois ces enveloppes dissimulées, l'habitude d'associer un objet avec un mot précis devenait le support de ses facultés paranormales. Dès lors, Stépanek continuait à donner ses "réponses par habitude" même si l'objet en question était toujours identifié par le biais de ses facultés paranormales.
Quelques années plus tard, les facultés de Stépanek diminuèrent sensiblement et toutes les tentatives afin de poursuivre les expériences n'aboutirent qu'à de médiocres résultats.
On peut par conséquent affirmer à juste titre que les expériences conduites avec Stépanek aboutirent de façon systématique à des résultats qui dépassèrent la fréquence de probabilités due au simple hasard, au cours de tests destinés à confirmer l'existence de la PES. Les conditions dans lesquelles ces expériences furent menées excluaient tout facteur pouvant produire des perturbations. La validité de la théorie des probabilités fut confir-

mée de nombreuses fois par la suite. Nous sommes donc amenés à admettre qu'au cours des tests réalisés, Stépanek démontra maintes fois et clairement l'existence de ses facultés de PES. Par conséquent, ces faits et bien d'autres recherches effectuées dans des conditions semblables nous permettent de penser que ces facultés existent et doivent faire l'objet de recherches sérieuses et plus approfondies.

Est-il possible "d'apprendre" la voyance?

Peut-on sérieusement envisager d'apprendre à développer le don de voyance si on accepte l'hypothèse selon laquelle les facultés paranormales sont latentes chez tous les individus?

Les expérimentations effectuées afin de fournir une réponse à cette question, et tout particulièrement celles réalisées par le professeur J.B. Rhine, ne donnèrent absolument aucun résultat définitif.

Afin d'approfondir ses connaissances sur le phénomène de voyance, Rhine eut recours aux fameuses cartes de Zener. Après plusieurs années d'expérimentation, en utilisant ces cartes de différentes façons, aucun individu n'a réussi à améliorer ses facultés au point d'affirmer que la voyance peut être développée grâce à un entraînement intensif.

Certains expérimentateurs estimant au contraire que la voyance peut être développée par un apprentissage adéquat attribuent les échecs enregistrés aux méthodes appliquées jusqu'à présent, et plus particulièrement à celle utilisée par le professeur Rhine, jugée par trop systématique. Il est vraisemblable que cette critique est en partie fondée.

Quoi qu'il en soit, jusqu'ici, aucun chercheur n'a réussi à élaborer une méthode de travail permettant l'apprentissage de ces facultés prétendues latentes chez l'homme. Et tant que cela ne pourra être démontré, nous ne serons pas en mesure d'affirmer

si réellement la voyance peut être développée par simple apprentissage.
Pour l'instant, on doit donc continuer de croire que la voyance est une faculté naturelle, formidable privilège de quelques individus.

Autres hypothèses sur la voyance

Certains scientifiques partagent les théories du Docteur Einstein et plus précisément l'énoncé du continuum spatio-temporel selon lequel le temps n'est qu'un concept inventé par l'homme, qui n'existe pas dans l'espace et selon lequel il n'y a ni passé ni avenir mais uniquement un présent éternel auquel les voyants ont accès grâce à leurs facultés extra-sensorielles.
Un célèbre philosophe américain William James élabora une toute autre hypothèse en partant de la supposition que l'énergie est indestructible. William James affirma qu'il existe un réservoir cosmique de la mémoire auquel aboutiraient les données concernant tous les faits survenant dans notre monde.
De cette façon la voyance revêtirait un triple aspect, c'est-à-dire la recherche du présent, du passé et de l'avenir.

Le "rapport" en voyance

Un sujet présentant une aptitude certaine à la voyance peut arriver à deviner le nom d'une personne qui lui est inconnue et prenant part à une expérience avec lui, arriver même à découvrir ses inquiétudes et ses espérances à propos de certains faits de sa vie personnelle et lui rappeler certains événements d'un passé qu'il avait oublié. Le voyant en effet ne lit pas la réalité dans la conscience du sujet mais dans son subconscient.
Ce phénomène du "rapport" revêt en parapsychologie une im-

portance considérable. Nous savons la fonction qu'il remplit dans les tests portant sur l'hypnose où la communication doit être parfaite entre le magnétiseur et le sujet qui participe à l'expérience. Ce même rapport existe avec le sujet consultant lorsqu'il se présente devant la personne dotée de facultés de voyance. Le rapport s'établit de façon immédiate dès que le voyant fait référence à quelque chose qui touche à l'histoire personnelle de la personne qui vient le consulter.

Nature du "rapport"

Ochorowicz souligna la très grande importance du phénomène que l'on nomme "rapport" en se basant sur des expériences qui furent faites avec des magnétiseurs. Ochorowicz définit le "rapport" comme la conséquence directe d'un véritable "fluide" qui nous permet de penser que la relation qui s'établit entre les sujets est essentiellement psychique et non de nature électromagnétique comme beaucoup veulent le croire.
Il suffit que le voyant pense à quelqu'un pour qu'aussitôt s'établisse le "rapport". Et une fois ce dit rapport ou lien établi, il est indissoluble. En télépathie, il est facile de confirmer l'existence préalable du "rapport" entre l'agent (émetteur) et le récepteur. L'inconscient de l'un se trouve en contact permanent avec celui de l'autre mais il n'existe de communication perceptible que lorsqu'un fait dramatique actualise cette relation virtuelle entre les deux sujets.

La psychokinésie

La psychokinésie ou psychokinèse est l'action de l'esprit sur la matière et elle se manifeste par des phénomènes de déplacement ou de lévitation de la matière sans qu'il y ait de contact visible d'une force, quelle qu'elle soit.
Le terme fut forgé par le célèbre savant et grand chercheur J.B. Rhine et correspond au vocable anglais *psychokinesis*, usuellement abrégé par le sigle PK.
Il ne faut pas confondre la psychokinésie et la télékinésie. La psychokinésie tend à démontrer que l'esprit possède le pouvoir d'agir sur la matière et de se transformer en énergie physique, pouvant alors provoquer ou influencer le mouvement d'objets à distance (télékinésie) ou bien l'élévation de ceux-ci dans l'espace (lévitation).
Si la PES subit une nette influence du monde extérieur, il est fort probable que l'esprit de l'homme puisse également avoir une certaine influence en sens inverse, c'est-à-dire produire des effets sur la matière. Les expériences effectuées jusqu'à présent et plus particulièrement les tests réalisés en laboratoire par le Dr Rhine permettent de dire que les personnes peuvent arriver à contrôler certains effets sur les objets. Le Dr Rhine mit au point toute une méthodologie permettant de vérifier l'existence de la psychokinésie.
Les premières expériences furent réalisées avec un jeu de dés. Il s'agissait alors d'explorer les possibilités qu'offrait ce domaine.

Les dés furent jetés de diverses manières. Ils furent tout d'abord introduits dans un gobelet puis, au cours des expériences suivantes, lancés sur une table recouverte d'un drap. Un autre procédé consistait à laisser tomber les dés d'un plan incliné sur une surface horizontale.
Toutes ces expériences donnèrent des résultats bien supérieurs aux probabilités dues au seul hasard. Toutefois les chercheurs forts des résultats obtenus, ne préférèrent les publier que lorsque d'autres savants purent confirmer les données qu'ils avaient rassemblées.
Le docteur Rhine ne révéla les résultats de ses expériences qu'à un petit groupe de personnes afin de promouvoir la recherche dans ce domaine et approfondir l'étude des pouvoirs que confère la psychokinésie.
Ce fut le début de la recherche, maintenue secrète, sur cette mystérieuse faculté paranormale, pendant huit longues années, de 1932 à 1940.
Au cours de ces investigations, on introduisit peu à peu certaines variantes qui modifièrent sensiblement les épreuves. Par exemple, dans certains cas, les sujets qui participaient aux expériences préféraient se concentrer sur un côté bien précis du dé. Au début, les chercheurs fixèrent leur attention sur la somme de certains côtés; puis les modifications qui furent introduites permirent une meilleure adaptation des tests, telle que par exemple la possibilité de jeter plusieurs dés à la fois. Plus tard, en marge des premiers essais, on dut prendre des mesures afin d'éviter tout type de prédisposition physique des objets. On eut alors recours à des systèmes mécaniques divers pour le lancer des dés.
La plupart des tests effectués et plus particulièrement ceux réalisés dans les laboratoires du Docteur Rhine aboutirent à des résultats très significatifs. Les épreuves une fois terminées étaient évaluées et les conclusions tirées étaient soigneusement notées et classées afin de les conserver à titre informatif et

comme preuve des travaux scientifiques effectués sur le phénomène de la psychokinésie. Au bout de huit années ou presque de recherches sur ce phénomène, les preuves réunies furent suffisantes pour justifier la publication des résultats obtenus.

C'est alors que survint un fait relativement important. Tandis qu'ils révisaient et comparaient les résultats des tests, les savants mirent en évidence une donnée confirmant leur hypothèse et ayant servi de point de départ à leurs travaux scientifiques. Il s'agissait des variations rythmiques considérables qui existaient entre les diverses séquences de bonnes réponses des sujets qui participaient aux tests. Au fur et à mesure que les sujets avançaient dans les tests, on observait un déclin ou bien au contraire une amélioration très significative de leurs réponses justes.

Au cours des premières séries d'épreuves, les chercheurs ne s'étaient pas aperçus de cette donnée.

Après avoir vérifié et analysé maintes fois les résultats, les savants observèrent qu'il se produisait généralement une nette diminution des bonnes réponses au cours des premières séries de tests, précisément entre la moitié supérieure et la moitié inférieure des listes sur lesquelles on inscrivait les résultats. Ils remarquèrent de même une diminution semblable entre les données des deux colonnes partageant les résultats. Ensuite et afin de conserver une preuve qui puisse servir de modèle de ces deux tendances, ils divisèrent simplement la liste en quatre parties égales, à l'aide d'une ligne médiane horizontale puis verticale. Ils s'employèrent alors à évaluer de façon statistique les bonnes réponses qui avaient été obtenues.

Ces expérimentations donnèrent des résultats très intéressants, justifiant amplement leur publication. Le Dr Rhine et ses collaborateurs décidèrent donc de divulguer les résultats qu'ils avaient obtenus. C'était un grand pas en avant qu'effectuait le Laboratoire de Parapsychologie de Duke, en matière de recherches sur le phénomène de la psychokinésie. Une réunion scientifique fut d'ailleurs tenue afin que les savants qui le souhaitaient puissent vérifier les résultats obtenus, mais ceux qui reçurent l'invitation ne crurent pas opportun d'assister aux démonstrations et de les prendre au sérieux.

Les résultats furent révisés par la suite et l'on put à nouveau vérifier le partage presque régulier et systématique des groupes de bonnes réponses, phénomène que l'on ne pouvait désormais plus attribuer au simple hasard et qui permettait de penser que les facultés mentales accusait une nette progression au début des expériences.

Les recherches qui furent menées par la suite mirent en évidence et de façon irréfutable l'existence de l'effet PK, confirmant par ailleurs les premières expérimentations faites.

Les résultats furent publiés et ce n'est qu'à partir de ce moment que le phénomène fut scientifiquement reconnu et que les savants qui se consacraient à la parapsychologie commencèrent à s'y intéresser de plus près.

Un an après la fin de la seconde guerre mondiale, la Société Américaine des Recherches Psychiques de New York effectua toute une série de tests programmés de façon à exclure tous les facteurs qui risquaient d'exercer une influence sur les résultats finals.

De nombreux étudiants prirent part à ces travaux de recherche faits en groupe. Chaque membre du groupe ne travaillait qu'à une seule épreuve et tous les tests portaient sur des dés que l'on secouait dans un petit gobelet puis jetait sur un plan incliné d'une longueur d'un mètre. On notait les résultats obtenus après chaque jeté de dés. Les résultats obtenus dépassèrent largement toutes les espérances et les probabilités dues au seul hasard.

Un autre type d'expérimentations semblables fut réalisé à l'Université de Pittsburgh, sous la direction du Dr Mc Conell.

Son équipe de collaborateurs réunit 393 personnes et diverses variantes furent introduites dans les tests. On utilisa par exemple pour lancer les dés un appareil électrique qui les photographiait au moment même où ils tombaient. Par ailleurs, on enregistrait très soigneusement les résultats obtenus, ceci afin d'éviter toute erreur possible.

Les résultats de ces expériences ne furent guère supérieurs au taux de probabilités qu'on aurait pu observer par le seul fait du hasard. Cependant, l'effet de déclin put à nouveau être apprécié sur les listes de résultats avec une diminution certaine du nombre de bonnes réponses là où le pourcentage de probabilités dues au hasard était de 1 pour 500.

Une série d'expériences destinées à vérifier l'existence du phénomène de psychokinésie fut conduite par des chercheurs tels que Fisk et West, expériences auxquelles se prêta un sujet particulièrement doté. Ces nouvelles expériences se différenciaient des autres en ceci que le sujet ignorait totalement quel était le côté du dé que les expérimentateurs avaient choisi comme objectif pour leurs recherches.

Dans ce cas, le sujet devait utiliser ses facultés paranormales pour vérifier quelle était la face du dé qui allait tomber puis influencer son mouvement pour qu'il retombe sur celle qui était choisie. Le sujet réalisa ces tests chez lui, tandis que les chercheurs notaient toutes les données à une distance considérable du lieu où il se trouvait.

Dans un premier temps, les essais permirent de tirer des conclusions positives et les résultats obtenus furent nettement supérieurs aux probabilités dues au hasard. Les tests suivants donnèrent des résultats également très satisfaisants.

Confirmer l'existence de la psychokinésie fut une tâche particulièrement ardue qui demanda des efforts considérables aux expérimentateurs. En effet, dans bien des cas, les résultats positifs des premiers tests ne furent qu'échecs et déceptions, lorsqu'on essaya de les vérifier au cours de nouvelles expérimentations.

Les détracteurs de l'existence de ce phénomène et les incrédules se servirent bien sûr de ces exemples et de ces arguments pour repousser l'hypothèse de l'existence d'un pouvoir mental capable d'influencer le mouvement des objets sans les toucher, et même pour réfuter les résultats positifs obtenus au cours des travaux de recherche scientifique qui précédaient.

On effectua alors divers tests dans des circonstances différentes et avec des objectifs bien distincts de ceux que l'on s'était fixés auparavant. De nombreuses variantes furent tour à tour introduites dans les tests, par exemple le choix du lieu où devaient tomber certains objets, afin de pouvoir étudier l'influence des pouvoirs mentaux sur le lieu de chute des objets et donc de la psychokinésie.

On décida également de combiner deux ou plusieurs objectifs: par exemple, que le dé tombât à un endroit bien précis et sur un côté déterminé, choisi par les expérimentateurs.

Les résultats obtenus furent statistiquement très positifs.

D'autres chercheurs s'employèrent à étudier et démontrer l'existence du phénomène de psychokinèse, tels que Forwald, un ingénieur suédois, qui effectua de nombreux tests sur le lieu de chute des dés.

Il publia ensuite divers articles expliquant clairement ces expérimentations et les résultats obtenus, insistant tout particulièrement sur le nombre d'objets qui s'arrêtaient effectivement à l'endroit prévu.

C'est au cours des expériences réalisées par Forwald que certains facteurs d'une importance considérable furent mis en évidence, venant s'ajouter aux arguments en faveur de l'existence de la psychokinésie. Forwald arrivait en effet à influencer de façon fantastique le point de chute des dés et dans le sens qu'il se proposait au départ.

Ces expériences furent l'objet de nombreuses et diverses critiques, à tel point que ce dernier dut effectuer plusieurs tests en présence de tierces personnes qui en furent témoins et notèrent les faits qu'ils observaient. Forwald dut ensuite répéter ces expériences en présence de plusieurs membres du Laboratoire de

Parapsychologie de Duke, et obtint des résultats très significatifs, particulièrement au cours de l'une de ces épreuves.
Mais l'objectif principal de Forwald n'était pas d'accumuler des données tendant à démontrer l'existence de l'effet PK, mais plutôt de tenter de percer les mystères de la nature du phénomène en question.
Il est encore trop tôt pour évaluer de façon impartiale les résultats obtenus par ce savant. Les expérimentateurs sont en fait bien certains de l'existence de ce phénomène, jusqu'ici inexplicable, mais ce qui les intéresse plus particulièrement à l'heure actuelle n'est pas tant la preuve de l'existence de ce phénomène mais la nature de celui-ci et son rapport avec certaines lois scientifiques bien connues.
En fait, l'acceptation généralisée de l'existence de phénomènes tels que la psychokinèse aurait une conséquence immédiate: l'orientation différente de notre comportement vis-à-vis de la nature humaine.
La découverte de la transmission de la force musculaire à distance supposerait une profonde révolution de notre existence sur tous les plans.
En l'état actuel des connaissances, les savants ne peuvent fournir d'explications définitives sur ce sujet, mais les seuls faits observés témoignent de l'intérêt qu'il faut porter à ces phénomènes et de la nécessité qu'un plus grand nombre de chercheurs se consacrent à ces expérimentations qu'il faudrait approfondir davantage encore si nous souhaitons élucider ces mystères.

Le cas Mijàilova

Madame Nélia Mijàilova était dotée d'aptitudes exceptionnelles et se prêta à de nombreuses expérimentations en Union Soviétique. On affirmait que Madame Mijàilova pouvait provoquer le déplacement de certains objets pesant jusqu'à 500 grammes. Naturellement les premiers rapports présentés sur ce cas suscitèrent aussitôt de sérieuses réticences de la part de nombreux milieux scientifiques dans le monde entier, mais ces rapports furent confirmés et acceptés pour la plupart.

Le professeur Vassiliev réalisa un contrôle minutieux des facultés particulières de Nélia Mijàilova, puis à la mort de celui-ci, d'autres savants se mirent à étudier ce cas.

Le docteur Terleski, chargé de Physique Théorique à l'Université de Moscou, publia en 1968 un rapport dans lequel il affirmait que Nélia Mijáilova possédait une certaine forme d'énergie totalement inconnue jusqu'alors et sur laquelle on n'avait aucune information scientifique.

Le premier indice de ce phénomène fut mis en évidence le jour où Nélia Mijáilova, en proie à une grande nervosité et dans un état d'agitation extrême, observa que, tout près d'elle, un récipient s'était déplacé au point de tomber. Elle remarqua ensuite que ces phénomènes de psychokinèse se reproduisaient assez fréquemment et c'est ainsi que les chercheurs décidèrent d'étudier son cas de plus près.

Au début, les savants crurent qu'il s'agissait d'une simple supercherie et que les mouvements d'objets étaient uniquement dus à la présence d'aimants placés à proximité du lieu où l'on observait ces phénomènes.

Toutefois, on remarqua bien vite que Nélia Mijáilova pouvait non seulement influencer le mouvement des aiguilles d'une boussole mais qu'elle était également capable de déplacer des objets que des aimants, si puissants fussent-ils, ne pouvaient pas même bouger.

On reconnut donc l'utilité de soumettre Nélia Mijáilova à de rigoureuses recherches afin de déterminer la nature de ses pouvoirs. L'hypothèse de la supercherie fut bien vite écartée pour laisser place à la ferme conviction qu'il s'agissait de facultés particulières et mal connues jusqu'alors des milieux scientifiques.

Les expériences qui furent rapportées sont véritablement surprenantes. Les chercheurs affirment que les objets se déplaçaient d'un bout à l'autre de la table et que Nélia pouvait même séparer un blanc d'un jaune d'œuf pour les rassembler ensuite grâce à ses facultés particulières, ou encore déplacer des objets d'un endroit à un autre.

Certains chercheurs de différentes nationalités ne cachèrent pas leur profond intérêt pour toutes les informations concernant les curieuses facultés de Nélia Mijàilova.

Une conférence à caractère international fut tenue afin d'informer les milieux scientifiques d'une telle découverte. Diverses démonstrations eurent également lieu afin de prouver l'existence des facultés extraordinaires de Nélia Mijáilova.

On put également vérifier qu'elle perdait du poids au cours de ses démonstrations et que l'effort qu'elle devait réaliser entraînait une fatigue évidente. Cela laissait à penser que la perte de poids était due au fait qu'une partie de la matière de son corps se transformait en énergie grâce à laquelle elle arrivait à produire ou influencer le mouvement des objets.

Certaines expériences durent d'ailleurs être interrompues à cause de l'épuisement de Nélia Mijáilova. Elle souffrait parfois de certains malaises physiques tels que des troubles de la vision ou bien de la fonction auditive ou encore des vertiges, des insomnies, etc.

Les chercheurs qui travaillèrent auprès de Nélia affirment qu'il lui fallait trois à quatre heures avant d'atteindre le niveau énergétique optimum pour pouvoir travailler et obtenir ces phénomènes. On réussit même à enregistrer certaines constantes physiologiques au cours des expérimentations et on put vérifier que le cœur de Nélia Mijáilova se mettait à battre de plus en plus rapidement jusqu'à 240 ou 250 pulsations/minute.

Mme Nélia Mijáilova se soumit pendant plus de dix années à différents types d'expérimentations au cours desquelles elle parvint à déplacer toutes sortes d'objets. On analysa soigneusement le champ de forces qui se créait autour d'elle pendant ces expériences. L'intérêt des chercheurs portait essentiellement sur les lois qui entraient en action au cours des tests. On était en présence d'une formidable découverte et l'intention des scientifiques était d'élucider le mystère de la nature des facultés mentales qui entraient en jeu.

Mme Mijáilova effectua d'innombrables tests dans différentes situations. Elle fut même enfermée dans une espèce de cabinet, presque totalement recouverte d'électrodes. Le célèbre savant Sergeyev, spécialiste des études et des recherches sur l'activité électrique du cerveau, put obtenir des données très intéressantes à partir de ces expériences. Il vérifia, entre autres choses, que les activités propres au cerveau de Nélia Mijáilova produisaient une tension cinquante fois supérieure dans la zone cérébrale postérieure à celle de la zone frontale. Normalement le rapport n'est que de trois à quatre fois supérieur.

En 1973, des spécialistes anglais se rendirent à Léningrad afin d'effectuer diverses recherches directement auprès de Nélia Mijáilova et de mesurer plus particulièrement la force psychocinétique.

Les chercheurs anglais avaient auparavant constaté que Mme Mijáilova pouvait, selon son gré, élever la température de l'une de ses mains, et la chaleur qu'elle diffusait pouvait arriver à provoquer des brulûres sérieuses sur toute personne qui était alors en contact avec sa main.

Bien des abus furent commis et Nélia Mijáilova déclara à diverses reprises qu'elle se sentait particulièrement lasse, mais les expériences furent poursuivies et elle se montra toujours disposée à collaborer avec les équipes de chercheurs, sachant parfaitement qu'elle pouvait ainsi apporter de précieux renseignements à la recherche scientifique.

L'instrument que les savants anglais utilisèrent pour effectuer la mesure des forces psychocinétiques suscita un intérêt tout particulier. Il s'agissait d'un aéromètre qui permettait d'évaluer les

forces psychocinétiques, si l'expérience était réalisée de façon satisfaisante.
Toutes les précautions furent prises pour effectuer les tests dans de parfaites conditions. Mme Nélia Mijáilova se plaça comme voulu devant l'instrument. Au bout de quelques instants, celui-ci commença à s'éloigner d'elle et parcourut toute la surface du récipient où il se trouvait, en quelques secondes.
On mit au point d'autres tests et, pour l'un d'eux, on utilisa deux instruments appelés radiomètres, l'un chargé d'air à la pression atmosphérique et l'autre rempli d'air raréfié. Nélia Mijáilova effectua quelques mouvements de la tête et les deux appareils enregistrèrent ses mouvements. D'autres expériences furent réalisées au moyen d'une boussole qu'elle arrivait à faire osciller. Mais, l'un des phénomènes les plus curieux fut que l'étui complet de la boussole effectua un tour de 45° dans le sens inverse des aiguilles d'une montre. On enregistra immédiatement après un autre mouvement en zigzag de l'étui avant de revenir à sa place ou presque, légèrement plus près qu'auparavant.
A l'heure actuelle, les milieux scientifiques spéculent sur diverses théories à ce sujet mais il semble qu'aucune ne puisse être considérée comme définitive et expliquer ces phénomènes.
Les études à venir permettront sans doute de rendre compte de la nature des pouvoirs dont était dotée Nélia Mijáilova. Néanmoins, il semble manifeste qu'ils proviennent de l'énergie mentale et de la concentration dont Nélia Mijáilova était capable afin de produire ce type de phénomène.

Nouvelles formes de l'effet PK

En 1971, on découvrit de nouveaux phénomènes de PK, cette fois accompagnés de facultés télépathiques. Il s'agissait d'un jeune Israélien, Uri Geller, qui était doté de facultés véritablement surprenantes.

Uri Geller, né à Tel Aviv en 1946, montrait depuis sa plus tendre enfance des pouvoirs particuliers: il était par exemple capable de plier des objets très résistants à distance, ou encore de lire les pensées des autres.
En 1971, un membre du Comité Médical de l'Université de New-York se rendit jusqu'en Israël afin de vérifier si effectivement Uri Geller était doté d'aptitudes particulières ou bien s'il s'agissait d'un prestidigitateur extrêmement habile et certainement hors du commun.
Le docteur Andrija Puharich put personnellement vérifier qu'il s'agissait véritablement d'un individu doté de pouvoirs extraordinaires. En sa présence, Uri Geller parvint à plier des objets incroyables, ce qu'aucun individu normal ne serait arrivé à faire et le célèbre médecin fut le témoin de faits difficilement imaginables. En effet, Uri Geller pouvait arrêter les montres selon son gré, dématérialiser et reconstituer des objets, couper d'énormes anneaux, plier des fourchettes et tout autre sorte d'objet en métal, à distance.
On chercha par tous les moyens à ce qu'Uri Geller se rende aux Etats-Unis afin d'effectuer une série de tests scientifiques.
En 1972, c'est en Allemagne qu'Uri Geller accepta, les yeux bandés, de conduire un véhicule dans les rues d'une ville et surprit bien des spectateurs incrédules qui restèrent bouche bée. Les savants allemands en conclurent qu'en l'état actuel des connaissances, les théories scientifiques établies étaient tout à fait insuffisantes si l'on voulait expliquer les pouvoirs extraordinaires que détenait Uri Geller.
Lorsqu'Uri Geller rentra des Etats-Unis, il accepta de participer à un programme télévisé en présence d'éminents scientifiques spécialisés dans différents domaines. Les démonstrations qu'il fit suscitèrent une grande vague de controverses et polémiques diverses, parallèlement à un immense intérêt pour l'étude de ces faits surprenants.
Quelques personnes qui assistèrent aux démonstrations faites

soutinrent que n'importe quel prestidigitateur bien entraîné saurait faire preuve des mêmes facultés qu'Uri Geller, toutefois personne ne semble y être parvenu.

Il est fréquent que l'incrédulité et le scepticisme des gens affectent sensiblement les facultés de ces sujets dotés de ces pouvoirs. A certains moments, les essais échouaient et autorisaient ainsi certains spectateurs à croire que ces fameux pouvoirs dont on parlait tant n'étaient que pure fiction. Il est certain que parfois les démonstrations n'allaient pas dans le sens qu'Uri Geller souhaitait et il était évident que celui-ci avait besoin de se sentir entouré de personnes favorablement disposées envers ses expériences et qu'il lui fallait un "apport d'énergie" pour obtenir les effets dont il est question.

On confirma que les pouvoirs d'Uri Geller s'étaient manifestés dès l'enfance. En effet, lorsqu'il était écolier, il s'amusait à déplacer les aiguilles des montres de ses compagnons de classe pour leur faire des farces. Plus tard, il découvrit qu'il lui suffisait de regarder avec attention certains objets métalliques pour qu'aussitôt ceux-ci se plient très facilement.

Une fois adulte, après avoir pris pleinement conscience de ses pouvoirs, Uri Geller se prêta à diverses démonstrations publiques qui le rendirent célèbre. Il admit même publiquement que ses facultés lui rapportaient de l'argent et qu'il ne voyait aucun mal à les exploiter. Il devint un véritable mythe.

Il continua ainsi à se prêter à diverses démonstrations et à surprendre les incrédules qui observaient, bouche bée, dans leurs propres mains, les objets qu'Uri Geller pliait.

Les savants estimaient qu'il était nécessaire de trouver une explication à de tels pouvoirs car il s'agissait d'une nouvelle forme d'énergie totalement inconnue jusqu'alors. Le problème fondamental était de trouver le rapport existant entre ce phénomène et les lois scientifiques connues.

Un groupe de chercheurs anglais décida de s'employer à la recherche de nouveaux concepts à partir d'expériences réalisées avec Uri Geller. Diverses théories furent avancées, débouchant presque toujours sur d'énormes polémiques dans la mesure où elles remettaient en cause les théories physiques existantes. Le savant E. Bastin, qui avait rencontré Uri Geller au cours de quelques-unes de ses démonstrations aux Etats-Unis, observa ensuite certains objets pliés par Geller. L'un des objets, une petite cuillère, retint davantage son attention et il s'étonna de voir dans quel état elle était après l'intervention d'Uri Geller. E. Bastin en conclut qu'une forme d'énergie totalement inconnue des savants de notre époque entrait en jeu.

Uri Geller devint peu à peu sujet à toutes sortes d'accusations, certains soutenant qu'il utilisait divers procédés lui permettant d'effectuer ses démonstrations. On parla de rayons laser, d'appareils soigneusement dissimulés, de substances capables de produire les phénomènes en question, mais en fait rien ne permettait d'expliquer véritablement ce qui se produisait.

Aux Etats-Unis, et plus précisément à l'Institut de Recherches Stanford de Menlo Park, on effectua de minutieuses études sous l'égide du gouvernement américain. Certaines expériences furent alors filmées et des savants renommés tels que Russel Targ et Harold Puthoff participèrent à ces travaux scientifiques. Uri Geller fut soumis à deux séries de tests. Ceux-ci eurent lieu en 1972 et durèrent un mois et demi. Les résultats de ces tests confirmèrent une fois de plus qu'Uri Geller était doté de facultés extraordinaires.

Ces expériences furent répétées l'année suivante mais cette fois on prit de strictes mesures de surveillance. On effectua certaines expériences alors qu'Uri Geller était enfermé dans une pièce électriquement isolée afin d'éviter que toute information de l'extérieur ne puisse filtrer. De cette façon, on élimina également les canaux conventionnels d'information qu'ils soient conscients ou bien sublimaux. Au cours d'autres expériences, Uri Geller dut reproduire certains dessins qui se trouvaient alors à une distance de milliers de kilomètres de lui.

A l'issue de toutes ces investigations, il fallut rédiger un rapport sur les résultats, et la rédaction de ce document posa bien des problèmes à ceux qui en étaient chargés. Les facultés que présentait Uri Geller ne faisaient aucun doute et les résultats de certains tests étaient, de toute évidence, dus à l'intervention de facultés de type paranormal.

Les conclusions du rapport affirmaient l'existence de certains types de transmission de l'information mais sans savoir de façon certaine quel type de transmission entrait en jeu au cours des tests réalisés ni pourquoi il se produisait.

Expérimentations et démonstrations se poursuivirent ainsi dans divers autres milieux scientifiques et la plupart des tests furent couronnés de succès. Le professeur Taylor affirmait que les effets qui se produisaient au cours de ces diverses expériences étaient de plusieurs sortes. On enregistrait des processus simultanés parmi lesquels le savant comprenait l'activité mentale d'Uri Geller.

Taylor était convaincu qu'il fallait continuer les travaux afin de déterminer la nature des pouvoirs mis en évidence au cours des expériences.

Tandis qu'Uri Geller poursuivait ses démonstrations en public, de nombreuses personnes se firent connaître en affirmant qu'elles détenaient elles aussi des pouvoirs semblables à ceux d'Uri Geller. Le professeur Taylor effectua alors divers tests auprès de plusieurs sujets. Certains prouvèrent que leurs affirmations étaient tout à fait fondées et c'est ainsi que l'on s'aperçut que les individus jeunes étaient généralement plus dotés que les personnes plus âgées.

Entre autres procédés auxquels on eut recours, on mesura la longueur d'onde d'hypothétiques radiations et l'on démontra qu'il fallait éliminer l'éventualité d'ondes radiales de type normal comme on l'avait supposé dans un premier temps. On ne parvint en fait à détecter aucun courant de nature électrique. On utilisa des instruments d'une très grande sensibilité mais il

fut impossible d'enregistrer des phénomènes quels qu'ils soient capables d'expliquer les faits observés.
En 1974, Uri Geller retourna dans les laboratoires du professeur Taylor. On observa alors certains faits qui semblaient donner un indice sur la nature de ces facultés. A cette occasion, Uri Geller arriva en effet à produire des phénomènes véritablement surprenants, plus qu'à l'accoutumée. Il endommagea l'instrument mis au point afin de mesurer ses facultés et fit voler quelques objets qui se trouvaient dans le laboratoire. Ces faits ne firent que déconcerter davantage les savants.
On mit au point de nouveaux tests dans des conditions différentes afin de poursuivre les recherches, et les résultats obtenus permirent à Taylor de penser que l'interaction entre l'esprit et les métaux s'expliquait par un phénomène de type électromagnétique et que la transmission s'effectuait au moyen d'ondes émises par le corps mais contrôlées et dirigées par l'esprit. L'hypothèse ne rejetait pas la possibilité d'un effet mutuel entre l'esprit et l'objet qu'on appela *champ d'intentionnalité*.
Il existe à l'heure actuelle diverses théories qui présentent un intérêt certain. L'une d'elles affirme que les facultés de PES surgissent de façon spontanée chez certains individus mais disparaissent au bout d'un certain temps. On suppose que leur disparition est due à l'influence de certains conditionnements d'ordre social.
Peu après l'apparition d'Uri Geller en public, des centaines d'enfants dotés de facultés semblables commencèrent à se faire connaître et certains de ces enfants arrivaient à produire des phénomènes véritablement surprenants.
L'étonnement que suscita le cas Uri Geller dans le monde entier fut des plus grands mais il faut ajouter que la découverte d'Uri Geller et de centaines de personnes qui affirmaient détenir des pouvoirs identiques permit de démontrer que les facultés psychocinétiques sont beaucoup plus étendues qu'on ne veut le croire.

L'audition de voix paranormales ou la médiumnité

Le phénomène des voix paranormales a fait l'objet de nombreuses études et recherches scientifiques. Dès que l'on a commencé à étudier ce phénomène en laboratoire, il est devenu soudain l'objet d'un vif intérêt.

Il existe de plus en plus de travaux scientifiques portant sur le phénomène des voix paranormales qui est devenu le thème d'études interdisciplinaires dans la mesure où nombreux sont les savants qui s'y intéressent à l'heure actuelle. En Suède par exemple, divers groupes se penchent sur l'étude de ces faits, certains sont spécialisés en parapsychologie, d'autres en linguistique et d'autres encore en psychologie.

Depuis les temps les plus reculés, les médiums se sont efforcés de capter des messages venant de *l'au-delà*. Actuellement, spécialistes, techniciens et scientifiques prétendent, au moyen d'instruments de plus en plus sophistiqués, enregistrer les transmissions de messages provenant d'autres dimensions, inconnues jusqu'à présent.

Les techniques électroniques les plus avancées ont été mises au service de la recherche sur le phénomène de l'écoute des voix paranormales, du "vidéotape" jusqu'aux oscilloscopes en passant par des systèmes d'enregistrement très sophistiqués. Il est certain que les enregistrements faits en laboratoire et totalement isolés d'éventuelles interférences ont permis de graver des voix de provenance totalement inconnue des savants.

Les recherches sur ce thème ont sensibilisé d'éminents scientifiques dans divers pays et même le Saint-Siège a prêté une attention toute particulière à ce phénomène que redécouvre la science contemporaine.

Toutes sortes de données scientifiques ont été réunies et ont permis d'échafauder de surprenantes hypothèses. Le cerveau humain semblerait en effet posséder la faculté de produire certaines impressions sur bande magnétique et à des distances considérables.

De même qu'il est possible que "quelque chose" ou "quelqu'un" que nous ne connaissons pas essaie d'entrer en contact avec notre monde.

En tout état de cause, le nombre croissant d'évidences scientifiques sur les voix paranormales est un fait des plus surprenants.

Histoire du phénomène

En 1959, Friedrich Jurgenson chercha à enregistrer les sons émis par des pinsons. A cette fin il se servit d'un simple magnétophone et lorsqu'il voulut écouter ce qu'il avait enregistré la veille, il remarqua la présence de sons pour le moins étranges. Il répéta l'expérience et fut témoin du même phénomène, absolument déroutant et inconnu jusqu'alors. Dans un premier temps, il attribua ces sons à la présence d'un animal aux modes de vie nocturnes qui faisait interférence sur ses enregistrements. On se rendit compte plus tard qu'il s'agissait en fait d'un phénomène insolite qui méritait de faire l'objet d'une étude plus approfondie.

Les enregistrements reproduisaient des voix étranges qui s'adressaient à F. Jurgenson personnellement et il en déduisit qu'il s'agissait de voix venant d'autres mondes. Il se consacra à l'étude de ces enregistrements et quelques années plus tard publia ses expériences dans un ouvrage intitulé *Les voix de l'espace.*

De nombreux experts se penchèrent sur ce problème et analysèrent de nouveaux enregistrements, non seulement en Suède mais aussi dans divers autres pays. Un spécialiste nommé Konstantin Raudive publia en 1948 un livre intitulé *L'inaudible devient audible.* Cet ouvrage est le fruit de trois longues années de recherches sur ce thème.

L'éminent scientifique Hans Bender, spécialisé en psychologie et parapsychologie, directeur de l'Institut des Domaines Limitrophes de Psychologie et de Psychohygiène de l'Université de Fribourg, réunit un groupe de savants afin d'effectuer diverses recherches dans ce domaine.

Au cours de l'année 1964, Hans Bender et quelques-uns de ses collaborateurs se rendirent en Suède afin de prendre contact avec Friedrich Jurgenson qui avait fait la découverte de ces étranges voix. Les premières expériences qui furent réalisées donnèrent des résultats très encourageants, aussi quatre ans plus tard, l'équipe de chercheurs décida-t-elle de retourner en Suède afin de poursuivre leurs premières recherches.

Les études qui furent alors faites démontrèrent que les voix dites paranormales étaient sans aucun doute des voix. Au cours de l'une des séances de travail, Hans Bender se concentra sur le nom d'une personne amie mais sans jamais le prononcer. Lorsqu'il voulut écouter la bande enregistrée, Bender, à sa grande surprise, entendit prononcer le nom de la personne à laquelle il avait pensé pendant l'enregistrement.

En 1971, un fait étrange vint interrompre les recherches. Un groupe de savants allemands qui se dirigeaient vers le domicile de Jurgenson en voiture, là où ils avaient l'intention d'effectuer une séance d'expérimentation, se perdit en chemin et tandis que ces scientifiques se trouvaient au beau milieu d'un bois dont ils ne savaient plus comment sortir, une interprète de l'équipe ressentit une profonde douleur dentaire. Quelque temps plus tard, Jurgenson fut fort surpris d'entendre sur une des bandes enregistrées une phrase en langue allemande disant: "Nous arrive-

rons bientôt, un dentiste, un dentiste". C'est avec ébahissement que le groupe de chercheurs qui s'étaient perdus écouta l'enregistrement.
Les savants purent en conclure que les voix étaient de simples faits acoustiques authentiques et non une illusion de la part de ceux qui les entendaient, acceptant pleinement qu'il s'agissait de véritables mots venant d'une autre dimension totalement inconnue des êtres humains.
On écarta également l'hypothèse qu'il puisse s'agir de transmissions radiales. Ralph Lovelock affirme que ces voix ne sont pas un phénomène que l'on peut expliquer en termes d'électronique. Dans certains milieux scientifiques européens, on a longtemps supposé qu'il s'agissait de voix que l'on interceptait des OVNI tandis que les associations de spirites soutenaient à leur corps défendant que les voix étaient des messages que les morts adressaient aux vivants.
Un fait est certain: c'est que l'hypothèse de l'interférence radiale à laquelle croyaient les chercheurs dans un premier temps doit être éliminée. En effet les recherches minutieuses qui furent effectuées avec le matériel adéquat afin d'éviter toute interférence, quelle qu'elle soit, ont conduit à éliminer l'hypothèse d'interférences radiales.
Jugerson enregistra sur ses bandes des informations d'un grand intérêt dans la mesure où les voix faisaient référence à des faits personnels de sa vie. Il entendit même prononcer son nom sur certains enregistrements, comme certains témoins purent constater.
Les données réunies sur ces bandes ne dépassent jamais dix à douze mots et les phrases sont dites dans plusieurs langues à la fois, ce qui élimine toute possibilité d'émission radiale ou toute interférence de ce genre.
Sur l'un des enregistrements obtenus, Raudive fut également nommé par son nom et même par un diminutif utilisé dans son enfance. On entendit également prononcer son lieu de nais-

sance sur l'un des enregistrements et dans un dialecte peu courant.
Les chercheurs purent vérifier que ces voix ressemblaient aux transmissions effectuées depuis la lune par les astronautes américains. Le bruit de fond était relativement intense et leur rythme assez rapide. Les messages reçus étaient assez confus et il était généralement difficile de les assimiler à un langage connu.
Sur certains enregistrements, on a pu entendre des voix de femmes et d'enfants et, dans bien des cas, ces voix se sont identifiées indiquant leurs noms et lieux de naissance. Elles ont quelquefois interpellé les personnes qui étaient chargées de les enregistrer par leurs noms et souvent elles ont répondu à des questions qui leur avaient été posées avec quelques commentaires et divers détails sur les personnes qui assistaient aux enregistrements.
Actuellement, les difficultés que l'on rencontre pour interpréter les phrases enregistrées sont toujours très grandes et les chercheurs ne sont pas encore en mesure d'éclaircir le mystère de la nature de ces voix. Les difficultés sont en grande partie d'ordre statique et la variété des bruits de fond qui accompagnent ces voix constituent un obstacle supplémentaire. Il est d'autre part fort difficile de les interpréter dans la mesure où des mots de diverses langues et même de dialectes peu répandus sont mêlés. Il existe toutefois un consensus quant à leur interprétation bien qu'on ne soit pas encore arrivé à élucider tous les messages reçus de façon satisfaisante.
Au cours d'autres recherches, on a pu vérifier que ces voix permettaient parfois de savoir où se trouvaient des personnes portées disparues. Sur certains enregistrements, on a obtenu des informations de ce genre et on considère que ces voix peuvent parfois être fort utiles dans certains cas précis.
Les experts affirment que pour écouter ces voix paranormales, il n'est point besoin de systèmes d'enregistrement très sophisti-

qués. Il est tout à fait possible d'enregistrer ces voix sur un simple magnétophone mais les résultats sont toutefois bien meilleurs si l'appareil est équipé d'une diode.

Les heures les plus propices pour effectuer ces enregistrements sont celles de la nuit.

Raudive, le grand savant et chercheur, expert en médiumnité, affirmait que pour mieux entendre ces messages, il était nécessaire d'arriver à un certain degré de concentration, ce qui permettait de mieux déchiffrer les messages et de les comprendre. On retrouve dans les rapports de Raudive diverses notes sur des communications qu'il a eues avec des membres de sa famille, bien qu'il ait précisé que les messages reçus n'aient pas toujours pu être totalement interprétés. Ces voix présentent en effet des caractéristiques qui rendent leur compréhension relativement difficile dans la mesure où les phrases sont prononcées dans un mélange de langues et de dialectes.

Raudive affirme et démontre avec ses enregistrements que certaines voix s'adressent plus particulièrement à une personne soit pour lui suggérer quelque chose, soit tout simplement pour lui faire remarquer sa présence.

Tous les chercheurs sont d'accord sur le fait que les voix paranormales sont bien distinctes des voix humaines et que le langage utilisé est tout à fait différent de notre façon de nous exprimer. Les mots ont subi des modifications grammaticales. Certains ont été abrégés ou bien sont construits avec des suffixes empruntés à d'autres langues.

On a également enregistré les noms de personnages célèbres de l'histoire mais les messages reçus sur ces enregistrements sont généralement bien trop brefs pour pouvoir établir des comparaisons avec les enregistrements des voix authentiques de ces personnages historiques.

On a également noté certaines allusions à notre vie sur la terre mêlées à des faits ou à des phénomènes qui ne se produisent pas dans notre monde et bien des questions posées n'ont jamais reçu de réponse concrète. Il est très difficile de préciser si les messages reçus se réfèrent à quelque chose d'actuel ou bien ne sont que des souvenirs d'êtres du passé et qui essaient de communiquer avec nous.

Les réponses réutilisent fréquemment le langage choisi par les chercheurs pour établir les communications. Par exemple les Suédois ont bien souvent reçu des messages dans leur propre langue et certains faits permettent de croire que les esprits ou les êtres qui sont à l'origine de ces messages connaissent fort bien les intentions des chercheurs.

Les enregistrements ne sont pas toujours clairs, cependant, il est possible d'observer qu'au cours des expérimentations, certains facteurs se répètent constamment.

Les hypothèses

En l'état actuel des connaissances, il nous est impossible de prendre parti pour l'une ou l'autre des hypothèses formulées par les chercheurs qui se sont penchés sur le problème des voix paranormales.

Toutefois, il semble que la plupart des experts inclinent en faveur des explications parapsychologiques.

Il existe deux façons d'envisager le phénomène: l'une repose sur la supposition que les voix sont, à l'origine, une mystérieuse forme de psychophonie qui produirait des perturbations sur le champ magnétique des bandes. Selon cette hypothèse, les voix proviendraient donc de personnes qui assisteraient aux enregistrements.

Une autre hypothèse, soutenue par plusieurs des chercheurs qui ont étudié le phénomène, défend l'idée selon laquelle les voix proviendraient d'un autre univers, parallèle, d'un monde où les "esprits" existeraient.

Si nous penchons en faveur de l'hypothèse selon laquelle il s'agit d'un phénomène de psychophonie, comment expliquer alors la nature du langage parfois utilisé pour ces messages? Mais, par ailleurs il est bien certain que des voix ont été enregistrées dans la langue même des personnes qui ont effectué les expérimentations. On peut considérer ces enregistrements de la même façon que l'on considère le phénomène des médiums, c'est-à-dire comme un produit total ou partiel des couches les plus profondes de l'inconscient des sujets participant aux expériences. Cette affirmation laisse supposer qu'il s'agirait en quelque sorte de *personnes*.

Il ne faut pas oublier que les chercheurs s'engagent émotionnellement au cours des expérimentations. On peut donc penser que l'apparition du phénomène psychophonétique est en grande partie suscité par eux-mêmes.

Certains chercheurs affirment avoir entendu leur propre voix sur les enregistrements obtenus. Dans certains cas, de façon claire et précise, et bien plus confuse dans d'autres. On a enregistré des mots et des expressions qui n'avaient pas été utilisés par les chercheurs au cours des séances d'enregistrement. Ces mots, ces expressions, ne semblent avoir aucune cohérence dans le contexte des séances et peuvent être considérés comme parfaitement étrangers aux conversations tenues pendant la durée de l'enregistrement. Des phénomènes semblables à celui-ci se sont également produits avec d'autres groupes de chercheurs.

Il ne fait aucun doute que la clé de ce phénomène est la possibilité de déchiffrer ces messages venus de voix de l'au-delà. Mais c'est précisément à ce stade que les plus grandes difficultés surgissent. Tout d'abord les mots peuvent recéler une signification symbolique. Une seule expression, un seul mot ou une courte phrase réunissent peut-être diverses informations. Mais le problème demeure: comment décoder cette information? Les voix semblent venir de personnes et fournir souvent des informations parfaitement vérifiables. Il est certain que jusqu'à présent le processus d'émission des voix paranormales n'a pas encore été résolu. L'explication la plus simple est que les voix enregistrées sur ces bandes ont une origine électromagnétique. Selon les défenseurs de cette hypothèse, il s'agirait d'une sorte "d'énergie psychique", génératrice d'ondes magnétiques, qui serait enregistrée sur les bandes. D'où peut venir cette énergie? Deux réponses à cette question ont été envisagées car il existerait deux sources distinctes de cette énergie psychique. Il s'agirait soit de personnes se trouvant dans la salle d'enregistrement ou à proximité, soit d'"esprits", bien que pour le moment nous ne puissions qu'échafauder hypothèses et conjectures.

Instructions pour effectuer l'enregistrement des phénomènes acoustiques paranormaux

Les experts affirment qu'il est très peu probable d'obtenir dès les premiers essais un enregistrement de voix paranormales. Il faut attendre plusieurs jours avant de pouvoir capter les premiers sons. Cependant, certains affirment avoir enregistré des phénomènes acoustiques dès leurs premières tentatives, d'autres en revanche, déçus et frustrés par une vaine attente ont abandonné toute recherche et sont devenus très sceptiques quant à ce genre de phénomènes.

N'importe qui, muni d'un bon magnétophone, peut enregistrer ces phénomènes acoustiques.

Les sujets dotés d'une grande sensibilité auditive ont de plus grandes chances de capter ces sons que d'autres individus. En effet, il faut pouvoir distinguer les bruits de fond des véritables voix qui apparaissent sur les bandes. Il est recommandé d'utiliser des écouteurs afin de pouvoir identifier plus facilement les messages reçus. Lorsque les voix sont relativement claires et facilement compréhensibles, on peut les écouter directement à travers le haut-parleur de l'appareil, par contre si les voix sont claires et que le bruit de fond les couvre presque totalement, il faut utiliser des écouteurs.

Le magnétophone

Peu importe le type ou encore la marque de l'appareil. Ce qui est essentiel c'est qu'il soit en parfait état de marche.
On est arrivé à des résultats très satisfaisants avec des petits appareils fonctionnant sur secteur ou même à piles. Il est toutefois préférable d'utiliser un appareil permettant de contrôler les sons graves et les sons aigus car au moment de l'audition, il est ainsi plus facile de distinguer les parties les plus confuses.
Certains experts conseillent l'utilisation de magnétophones transistorisés car leur fonctionnement est plus silencieux.

Enregistrements avec diode

Les diodes permettent de capter la totalité des fréquences électroniques. Il s'agit d'un petit morceau de cristal de germanium et d'un mince fil de fer qui sert d'antenne. La diode doit être branchée sur le magnétophone et le volume tourné au maximum lorsque l'on effectue un enregistrement.
Grâce au diode les voix enregistrées semblent bien plus claires et nettes.

Enregistrements avec microphone

Dans ce cas, on utilise le magnétophone comme à l'accoutumée. Le microphone doit être placé à une distance suffisante afin d'éviter d'enregistrer le bourdonnement du moteur de l'appareil. On donnera tout le volume et la personne qui sera chargée d'enregistrer se placera à cinq ou six mètres de distance. Quel que soit le système utilisé pour effectuer l'enregistrement et quel que soit le nombre de personnes présentes, il est préférable de les nommer toutes puis de faire appel aux voix avec le plus grand sérieux en les invitant à entamer le dialogue. Il est vivement recommandé aux participants de ne pas parler durant l'enregistrement et si cela s'avérait nécessaire, de communiquer par écrit afin d'éviter que leurs voix n'apparaissent sur la bande.

Les enregistrements avec microphone doivent être effectués dans le plus grand silence. La durée de ces enregistrements ne doit pas dépasser deux, trois ou quatre minutes au maximum.

Enregistrements sans microphone

On mettra en marche le magnétophone sans brancher le microphone et le volume sera donné au maximum. On nommera les personnes présentes sur un ton de voix suffisant pour être clairement enregistré.

La bande utilisée doit être vierge et il est bon de prendre note de ce que l'on dit afin de pouvoir ensuite vérifier et identifier tout ce que l'on entendra.

Enregistrements au moyen d'émetteurs de fréquence

Ce système a pour but d'éliminer d'éventuelles interférences radiales. Pour ce faire, on utilise en plus du magnétophone, un émetteur de fréquences d'émission.

L'effet Kirlian

On connaît depuis peu un procédé photographique qui permet d'observer une auréole mystérieuse se dessinant autour de tous les êtres humains.
Au cours des années soixante, des savants russes en firent une surprenante description précisant ce à quoi les êtres humains ressemblaient à travers ce moyen photographique.
Selon les savants, il ne s'agit point de simples émanations de l'électricité corporelle mais bien d'une sorte de *double* qui habite les individus de façon permanente et indissoluble.
L'histoire de ce phénomène est l'une des plus fascinantes de la science parapsychologique. Le temps et une patiente recherche permettront d'étendre la portée de cette découverte mais il ne fait aucun doute que l'effet Kirlian recèle d'ores et déjà d'innombrables réponses qui, de nos jours, demeurent encore un mystère dans le domaine des phénomènes paranormaux.
Comme pour bien d'autres découvertes scientifiques, l'effet Kirlian apparut pour la première fois de la façon la plus surprenante et inattendue.
Le terme "d'effet Kirlian" vient du nom de ceux qui l'ont découvert: Semyon et Valentina Kirlian qui, pendant des années, s'employèrent à étudier ce nouveau procédé, effectuant leurs recherches dans le domaine de la haute fréquence.
De nombreux scientifiques, russes et américains principalement, se sont consacrés à l'étude des "lumières" provenant des

êtres humains, aboutissant à des résultats véritablement surprenants. Les hypothèses qui furent formulées à ce sujet modifièrent radicalement les concepts contemporains sur la vie et l'homme.

Depuis cette incroyable découverte, Kirlian et son épouse abandonnèrent tout ce qu'ils avaient entrepris auparavant pour ne se consacrer qu'au phénomène qu'ils avaient découvert. Ils effectuèrent des expériences diverses avec des instruments très sophistiqués, ne faisant qu'entr'apercevoir le champ d'investigations et les possibilités qu'une découverte d'une telle envergure pouvait entraîner. Tous les êtres vivants, quels qu'ils soient, possèdent un surprenant halo qui enveloppe leur corps de couleurs absolument fantastiques, jamais imaginées.

Les savants découvrirent qu'il ne s'agissait pas d'un pseudo-halo statique mais d'une auréole qui bougeait et changeait de forme d'un instant à l'autre. On en conclua qu'il s'agissait d'une force active.

S. et V. Kirlian ne voulurent pas se prononcer sur la nature du phénomène qu'ils avaient découvert. Dès que l'on put disposer d'un nombre suffisant de faits, l'étude de ce phénomène fut confiée à un groupe d'éminents savants soviétiques. Les expériences parlaient d'elles-mêmes et le problème était de trouver une explication rationnelle qui puisse rendre compte de la nature du phénomène et de la fonction de ce mystérieux effet.

A la fin des années soixante-dix, on confirma l'hypothèse selon laquelle le halo n'était pas une simple émanation du corps humain mais, en quelque sorte, une structure intégrée par des électrodes et des ions à l'état libre. Les savants affirmaient qu'il s'agissait d'un état matériel inconnu jusqu'ici. On observa que le halo offrait l'aspect d'un plasma que l'on pouvait assimiler à un quatrième état de la matière.

Une découverte aussi exceptionnelle peut nous aider à mieux comprendre la nature des phénomènes paranormaux. Les savants soviétiques affirment que la découverte peut s'appliquer aux nouvelles expérimentations faites dans le domaine de la parapsychologie. La photographie Kirlian permet de suivre certains phénomènes au moment même où ceux-ci se produisent. Ainsi un guérisseur ayant recours à des moyens parapsychologiques peut émettre un type particulier d'émanations et être observé selon ce nouveau procédé.

L'effet Kirlian peut aider à mieux connaître les processus physiologiques qui se produisent dans notre corps au moment même où apparaissent des phénomènes de nature paranormale.

Mais pour revenir à la mystérieuse nature du phénomène découvert par S. et V. Kirlian, celle-ci a été définie de façon plus scientifique comme "corps bioplasmatique" ou "corps bioplasmique" ou encore "corps de plasma biologique". Ce curieux phénomène a suscité d'intenses controverses, tout particulièrement dans trois domaines spécifiques: physique, médical et parapsychologique, et ce dans le monde entier.

En ce qui concerne le domaine médical, d'importantes découvertes ont été faites à partir de la supposition que le corps bioplasmatique reflète l'état de santé de l'individu. Dans le domaine de la parapsychologie, on peut s'attendre à des découvertes de grande envergure, tout particulièrement à une meilleure connaissance des phénomènes paranormaux et dans le domaine de la physique, l'effet Kirlian peut conduire à des découvertes d'importance si de nouvelles investigations permettent de confirmer qu'il s'agit d'un nouvel état de la matière.

Ce sont S. et V. Kirlian qui, les premiers, avancèrent que le halo reflétait l'état de santé du corps, à partir des expériences qu'ils firent. Ils placèrent une feuille d'arbre qu'ils venaient d'arracher dans un appareil conçu pour ce type d'observations.

Ils remarquèrent alors que la feuille était entourée d'un halo riche en couleurs et en intensité. Au fur et à mesure que la feuille se fanait, le halo diminuait tant en intensité qu'en couleurs, puis se détériorait progressivement avant de disparaître complètement, la feuille une fois "morte".

Un autre fait laissa supposer que le halo reflétait notre état de santé. Kirlian put en effet observer, peu avant de souffrir d'un grand malaise, qu'il existait un rapport certain entre le phénomène du halo bioplasmatique et le corps humain. Il remarqua un jour que l'appareil ne fonctionnait plus très bien. Il essayait alors d'obtenir le contour de ses doigts mais le halo était très sombre, bien différent de ce qu'il avait pu observer à d'autres occasions. En fait, l'appareil fonctionnait fort bien et reflétait ce qu'il captait, c'est-à-dire la détérioration progressive de l'état de santé de Kirlian, tel que cela lui fut confirmé peu après.
Toutefois, nous ne savons pas encore quelles sont les maladies qui peuvent être diagnostiquées par la seule observation de l'aura mais il est évident que les altérations de notre état de santé se répercutent directement sur l'aspect que présente l'aura. Il existe certains problèmes qui rendent les recherches très difficiles, voire impossibles. En effet, bien des chercheurs ont déjà songé que l'on pourrait arriver à localiser certains maux à travers l'image totale de l'aura du malade. Mais il est impossible d'exposer ainsi le corps à l'influence d'un champ électrique de haute fréquence.
Quoi qu'il en soit, l'"effet Kirlian" nous fait entrevoir tout un monde fascinant de nouvelles découvertes véritablement révolutionnaires.

Expérimentations faites dans le domaine des activités paranormales à l'aide de l'électrographe

Les expérimentations effectuées dans ce domaine furent entravées dans les milieux occidentaux par le fait que les composantes électriques n'avaient aucune similitude avec celles données par les centres d'études soviétiques. Les différentes publications de l'URSS ne précisaient jamais certains détails-clés dans leurs rapports scientifiques, détails de grande importance sans lesquels l'interprétation de bien des données devenait très difficile. Afin de résoudre les difficultés qui se présentaient, on se mit alors à importer les instruments utilisés dans les pays socialistes. On réussit à acquérir en Tchécoslovaquie le matériel destiné à prendre des photographies à haute fréquence, c'est-à-dire le fameux "électrographe". Divers instruments appropriés parvinrent ainsi aux Etats-Unis afin de commencer les recherches sur "l'effet Kirlian".

On obtint des photographies sur lesquelles on pouvait observer l'existence de couronnes lumineuses semblables à celles photographiées en URSS. On observa que la couronne qu'irradiait le corps arrivait à se plier sur elle-même sans se confondre avec celle qu'irradiait le corps d'une autre personne.

La Société de Parapsychologie de Jersey affecta alors des fonds à ces recherches qui permirent de poursuivre les travaux commencés et d'obtenir des résultats semblables à ceux auxquels les savants soviétiques avaient abouti. Il s'agissait d'obtenir des images de sujets dotés de facultés parapsychologiques de guérison, procédés déjà effectués en Union Soviétique. Alexei Krivorotov, par exemple, effectuait ses passes magnétiques en plaçant ses mains à deux centimètres de distance des malades. Les patients affirmaient ensuite qu'ils notaient une immense sensation de chaleur pendant les séances, pourtant sans aucun indice physiologique de cette chaleur sur leur épiderme.

Krivorotov avait obtenu des résultats surprenants et guéri certaines affections de type nerveux et d'origine infectieuse. On photographia ses mains au repos puis lorsqu'il se proposait d'effectuer une guérison. A l'état de repos, on observait une couronne de taille irrégulière tandis que sur les photographies prises alors qu'il s'apprêtait à soigner, les radiations de l'auréole s'agrandissaient de façon considérable. On en conclut que le procédé Kirlian permettait de visualiser l'échange énergétique qui se produisait entre le thérapeute et son patient.

Les résultats des expérimentations suivantes donnèrent des in-

dices franchement encourageants dans la mesure où l'électrographe et le recours à la technique Kirlian permettaient de visualiser divers phénomènes auxquels la science prêtait un intérêt tout particulier depuis quelques années et qui, jusqu'à présent, n'avaient pu être enregistrés de façon objective.
Le nouveau procédé découvert pourrait devenir un moyen très efficace pour le contrôle de certains traitements, favorisant l'intervention des thérapeutes quant au contrôle des effets curatifs des techniques appliquées. Dans d'autres milieux scientifiques, diverses expérimentations de ce genre ont été entreprises avec des médiums qui se consacraient à l'application de certains procédés dits thérapeutiques.
Le sujet qui agissait en tant que guérisseur était enveloppé d'une très grande auréole quelques instants avant l'application de ces effets curatifs. Puis, peu après son intervention, la couronne diminuait progressivement.
Diverses expérimentations donnèrent par la suite des résultats qui confirmèrent maintes fois ces premières découvertes.

Quelques-uns des résultats obtenus grâce à la technique Kirlian

1. Chacune des différentes parties du corps présente une coloration caractéristique qui la différencie des autres.
2. L'utilisation de la technique Kirlian comme instrument de diagnostic a donné des preuves certaines de la modification de l'irradiation d'énergie dans des conditions de santé délicate, permettant ainsi de détecter la gravité d'états pathologiques dont souffrent certains patients.
3. La technique Kirlian peut être appliquée à d'autres domaines tels que le contrôle du degré de contamination des fleuves et des eaux en général, ainsi que le degré d'empoisonnement de la faune sous-marine.

4. Pour le diagnostic des différents types de cancer, la technique Kirlian a donné des résultats surprenants permettant de différencier clairement les tumeurs cancéreuses et de déterminer leur type.
5. La technique Kirlian a également démontré à quel point elle était utile pour tout ce qui concerne les processus de conservation des aliments.
6. De même des résultats positifs ont été obtenus quant à certains problèmes de nutrition. Certains aliments possèdent des propriétés supérieures, comme le révèlent leurs émanations d'énergie différentes.
7. Certaines pensées produisent des émanations plus importantes que d'autres.
8. Les émanations diffèrent selon les heures de la journée et selon les modifications du champ électrique de la terre.
9. L'incidence des rayons lumineux sur le corps humain modifie ces émanations lumineuses.
10. En règle générale, chaque individu possède une couronne lumineuse qui lui est caractéristique.
11. Les sujets dotés de facultés paranormales à l'état de conscience éveillée dégagent des émanations d'un niveau très faible; ces émanations, à l'état de transe, deviennent brillantes, bien plus grandes et de couleurs vives.
12. Les personnes dotées de facultés paranormales présentent généralement des émanations de forme pointue, tout particulièrement au bout des doigts.
13. Les photographies prises au cours d'orages mettent en évidence des émanations qu'on observe rarement, aux formes allongées et de couleur rouge intense.
14. Les photographies prises avec un fond de musique montrent des émanations plus concentrées que celles observées sur la plupart des photos prises sans effets sonores.
15. Les photographies Kirlian permettent aussi de mettre en évidence les états de conscience pathologiques.

16. En ce qui concerne le diagnostic psychopathologique, la technique Kirlian est très utile: les émanations de personnes qui présentent certains symptômes de malaise psychique reflètent des caractéristiques différentes de celles des sujets qui ne présentent aucun de ces symptômes.
17. Les émanations d'individus en parfaite santé ont certaines caractéristiques, telles que, par exemple, les auréoles du contour des doigts, généralement de couleur bleue et blanche. Par contre, si l'on provoque un état d'excitation émotionnel intense, ces émanations changent, deviennent rougeâtres et présentent des sortes de taches.

Tous ces résultats et bien d'autres encore qu'il serait trop long d'énumérer ici ont été obtenus à la suite de diverses expérimentations selon la technique Kirlian. Les savants qui se sont penchés sur l'étude de ce curieux phénomène affirment que, au fur et à mesure que s'étendent les connaissances sur cette technique, il devient possible de l'appliquer dans les domaines les plus divers et les plus inattendus de la recherche scientifique. Mais le chemin qui reste à parcourir à la science, de découverte en observation, est encore bien long.

Le corps humain, mystérieuse source d'énergie

Qu'est-ce que le corps humain irradie ainsi? Cette question ne cesse d'intriguer les savants qui se consacrent à l'étude du problème des émanations lumineuses photographiées selon la méthode Kirlian.

Cependant, certains chercheurs estiment que le problème n'est pas aussi complexe qu'il peut le sembler à première vue à ceux qui procèdent à des recherches sur le phénomène et défendent l'idée que le corps humain, de même que tous les corps vivants, irradie une sorte d'électricité naturelle dont il est doté et que par conséquent une faible quantité de celle-ci se manifeste sous forme d'émanations qui peuvent être observées grâce à la méthode mise au point par Kirlian. Ces affirmations font encore l'objet d'intenses controverses entre les chercheurs, dans le monde entier.

Depuis quelques années, on a pu réunir d'innombrables preuves et données qui orientent la recherche dans une direction adoptée par de nombreux chercheurs. La plupart des affirmations avancées se basent sur les observations faites à l'aide du procédé Kirlian, selon lesquelles ces halos seraient le produit d'une source d'énergie présente dans tous les corps vivants.

En Union Soviétique, on affirme que la seule stimulation de l'épiderme par des charges de haute fréquence – et telles qu'elles proviennent de la méthode dite Kirlian – provoque l'émanation de particules électriques. Les chercheurs soviétiques ont appelé ce phénomène: *émission d'électrons froids.*

Toutefois, les explications données par les milieux scientifiques soviétiques sont encore très incomplètes et insatisfaisantes pour bien des savants occidentaux.

Le phénomène luminescent dans les systèmes biologiques

Depuis bien des années, tous ceux qui se sont intéressés de près ou de loin à la nature savent qu'en dehors de quelques poissons et des lucioles, il existe certains êtres vivants qui émettent des radiations lumineuses. Nous pouvons maintenant également affirmer que les êtres humains possèdent cette même faculté d'émettre une sorte de lumière comme les autres êtres vivants.

En Union Soviétique, le premier chercheur qui se soit penché sur le phénomène de la luminescence des êtres vivants est le Docteur Tarusov qui étudia plus particulièrement les radiations provenant de végétaux.

Grâce à certains instruments spécifiques, dits multiplicateurs photoélectroniques, il fut possible de confirmer l'hypothèse que, plusieurs années auparavant, certains savants avaient formulée, quelques-uns en secret, d'autres publiquement.

On utilisait également ces multiplicateurs électroniques depuis un certain temps déjà pour les recherches en cosmologie et plus précisément pour les reconnaissances de corps célestes.
On crut tout d'abord que les émanations lumineuses étaient créées par certains principes de nature chimique qui faisaient partie de la matière constituant les corps vivants. Les plantes et les animaux en général possédaient des propriétés qui leur permettaient d'émettre des faisceaux lumineux. En un premier temps, lorsque commencèrent les recherches, avec un grand scepticisme dans certains milieux scientifiques, on pensa que les émanations lumineuses étaient sensibles à certaines modifications métaboliques des organismes vivants. D'autres chercheurs attribuèrent le phénomène à certains effets produits par le champ magnétique qui se trouve sur notre planète. En tout état de cause, il est certain qu'aucune explication satisfaisante n'a été avancée dans les milieux scientifiques.
Une fois le phénomène Kirlian connu, les recherches se multiplièrent de façon considérable. On assista au développement de la théorie de l'énergie bioplasmatique et à partir de ce moment, l'idée déjà bien répandue selon laquelle le phénomène observé sur les photographies avait un rapport certain avec l'émission lumineuse naturelle se précisa, comme le Dr Tarusov l'avait avancé au cours de ses expérimentations, alors qu'il dirigeait le Département de Biophysique de l'Université de Moscou.
La théorie selon laquelle la luminescence des systèmes biologiques est le produit de certains phénomènes bioplasmiques des êtres vivants commençait à obtenir un certain crédit.
Boris Nicolaievitch Tarusov et ses plus proches collaborateurs réussirent à démontrer, par la suite, que les émanations lumineuses que l'on observait sur les végétaux ne présentaient pas toujours la même intensité et que l'irrégularité de cette intensité était due à des raisons bien différentes des théories métaboliques postulées auparavant.
Les investigations menées en Union Soviétique démontrèrent

que les végétaux émettaient des messages au moyen de radiations lumineuses et qu'ils manifestaient certains de leurs états physiques par des signaux lumineux.
On a réuni diverses données sur ces faits: par exemple, que les plantes savent signaler la présence de bactéries ou encore l'invasion de certains micro-organismes nuisibles à leur développement, tout ceci par des émanations lumineuses différentes. Les études faites sur les reflets lumineux démontrèrent que les plantes commencent à accuser les effets de certaines maladies bien avant que leur apparence ne le révèle. Les chercheurs avaient déjà observé tout cela à l'aide des techniques qu'ils avaient mises au point. La confirmation de ces faits fut une véritable révolution scientifique. Les études commencèrent à se multiplier de façon vertigineuse dans les milieux scientifiques les plus fermés, mais de façon officieuse. A l'issue de ces travaux, on découvrit, entre autres faits, que les plantes signalent, par leurs émanations lumineuses si elles sont plantées dans un milieu favorable à leur développement ou non.
Par ailleurs et comme on le soupçonnait déjà, l'effet Kirlian permit de constater les émanations d'énergie dont la source se trouve dans l'organisme même de tout être vivant.
Un groupe de savants en Union Soviétique se mit à étudier la luminescence des êtres humains, mais à partir de procédés différents de ceux utilisés jusqu'alors. Ils commencèrent à étudier les émanations d'énergie par rapport aux effets produits sur d'autres organismes vivants.
On en tira des informations tout à fait surprenantes. On vérifia que les cellules qui souffraient d'états pathologiques produisaient une radiation susceptible d'affecter les cellules saines. On vérifia ainsi que les maladies se reflétaient sur les organismes selon différents types de couronnes luminescentes comme la technique Kirlian l'avait démontré.
Pour tous les chercheurs qui se consacrent à l'étude des phénomènes paranormaux, les tests effectués à l'aide de la méthode

Kirlian sont une aide précieuse qui permet d'élucider bien des mystères.
De nouvelles techniques de recherche auxquelles on n'avait jamais encore eu recours dans le domaine des expérimentations parapsychologiques sont maintenant fréquemment utilisées par les parapsychologues.

Le phénomène Kirlian en Amérique

Parmi toutes les hypothèses formulées, la plupart des médiums américains conviennent que c'est l'énergie éthérée que possèdent les êtres vivants que la technique Kirlian permet de visualiser. D'autres, par contre, sont arrivés à la conclusion que les évidences photographiques de la luminescence des êtres vivants observées selon la technique Kirlian répondent parfaitement à certains postulats des doctrines métaphysiques orientales qui se réfèrent au "prana". Certains savants américains affirment que les émissions lumineuses proviennent de certains points du corps utilisés par l'acupuncture.
D'autres, en revanche, mettent l'accent sur le rapport étroit qui existe entre la photographie du champ électrique et les affirmations sur le corps énergétique telles qu'elles sont mises en évidence dans les travaux à caractère métaphysique. Ces postulats affirment en effet que les particules qui intègrent les corps physiques sont contenues dans des enveloppes éthérées qui se maintiennent à très courte distance de l'épiderme.
Moss et Johnson certifient que la technique Kirlian permettra un jour de révéler certains phénomènes sur les différents types d'énergie dont sont dotés les systèmes biologiques.
L'importance que revêt la découverte du phénomène Kirlian tient principalement à un facteur: grâce à cette technique, on s'oriente désormais vers de nouvelles découvertes très utiles qui vont entraîner de grands progrès scientifiques et techniques.

Les phénomènes paranormaux et leur classification

Les phénomènes parapsychologiques se présentent sous des aspects extrêmement variés. Certains chercheurs sont arrivés à en dénombrer jusqu'à 45 ou 50 types différents. Pour établir ces différenciations entre les phénomènes, les savants ont tenu compte de leurs traits caractéristiques. Se proposant d'étudier les profondes similitudes existant entre les manifestations paranormales, Flournoy aborda l'analyse de celles-ci de différents point de vue, à savoir: l'authenticité des phénomènes paranormaux, la signification des contenus du phénomène, la nature psychique et l'état psychologique du sujet qui vit le phénomène paranormal. Toutefois, certaines des caractéristiques de ces phénomènes n'ont aucun fondement scientifique et d'autres ne sont guère suffisantes pour que leur valeur soit reconnue. L'aspect le plus important, c'est-à-dire la nature psychologique des phénomènes, nous amène inévitablement à effectuer une classification artificielle, voire fausse dans certains cas. Nous connaissons tous la valeur qui est attribuée à ce genre de phénomènes et les préjugés qui influent souvent sur la prise en considération de ces problèmes.

Il est fréquent que les phénomènes réellement paranormaux soient considérés comme des hallucinations ou le résultat d'états pathologiques du sujet qui les vit.

En ce qui concerne la nature de l'état dans lequel se trouve le sujet qui vit ou subit des phénomènes paranormaux, il faut tenir compte de diverses considérations. Le sujet est soit normalement endormi, soit à moitié endormi, soit sous hypnose (légère ou profonde), soit à l'état de veille totale ou encore de demi-veille. Les phénomènes peuvent se présenter de façon spontanée ou bien être provoqués à des fins expérimentales.

Les concepts de Boirac et de Maxwell

Boirac classifia les sciences parapsychiques en cinq groupes qu'il distinguait de la façon suivante:

1. Psychopathie – Suggestion et hypnotisme.
2. Cryptopsychisme – Ecriture automatique et spiritisme.
3. Psychodynamique – Phénomènes magnétiques.
4. Télépsychisme – Phénomènes télépathiques et de voyance.
5. Hiloscopie – Phénomènes que la matière exerce sur l'homme.

Toutefois, au bout d'un certain temps, Boirac élabora une nouvelle classification de tous ces phénomènes qui était, selon lui plus exacte et s'ajustait plus fidèlement à ses observations. Il tint compte de nouveaux facteurs tels que par exemple des phénomènes appartenant au domaine de l'hypnotisme qui pourraient, semble-t-il, être expliqués par certaines forces connues. Il considéra par ailleurs que les phénomènes de spiritisme étaient liés à des forces extra-naturelles. Boirac assura que ces phénomènes n'appartenaient pas au domaine du monde que nous connaissons mais provenaient d'une autre dimension totalement étrangère de celle à laquelle nous sommes habitués. Boirac reconnut toutefois que sa classification ne réunissait pas encore toutes les conditions strictement scientifiques que requiert la science authentique. Il existe des phénomènes de nature paranormale, tels que la voyance, qui n'appartiennent en aucune façon au spiritisme et que l'on peut considérer comme une faculté de l'homme dont la nature est encore inconnue.

Dix ans plus tard environ, Maxwell établit deux grandes classifications des phénomènes paranormaux. L'une d'elles comprend l'ensemble des phénomènes suivants: les coups (ou *raps*), les bruits divers, les déplacements sans contact apparent (la télékinésie) ou par des contacts insuffisants à les produire (parakinésie), les apparitions d'objets, la combustion spontanée, les lévitations, etc. En ce qui concerne les phénomènes de nature intellectuelle, c'est-à-dire ceux qui ont trait aux manifestations de la pensée, Maxwell les divisa en divers sous-groupes: coups effectués (typtologie), déchiffrage de phrases (grammatologie), écriture automatique, écriture directe, incarnations, automatismes divers, voyance et voix directes.

La conception de Richet

Richet établit une différenciation entre deux grands types de phénomènes. Il distingua les faits subjectifs des objectifs. Les phénomènes subjectifs sont exclusivement de type mental et impliquent qu'on ne tienne compte d'aucune transformation de la matière vivante ou inerte. Ces phénomènes semblent provenir d'une faculté de cognition que l'on appelle cryptesthésie.
Le phénomène peut être à caractère expérimental ou spontané. Richet assure que la télépathie est une forme de voyance et n'est pas d'accord avec la classification effectuée par Maxwell.
En revanche, les phénomènes objectifs sont externes et peuvent être perçus par les sens. Ce sont des phénomènes mécaniques, chimiques ou physiques. Richet tient compte des phénomènes suivants: les mouvements sans contact visible, les matérialisations qui peuvent être enregistrées au moyen de techniques photographiques, les apparitions et toutes les manifestations qui peuvent être appréciées par les sens.
Boirac n'était pas d'accord avec cette classification et estimait qu'il était plus correct d'admettre dans la rubrique des manifes-

tations paranormales tous les phénomènes qui avaient été admis par la science officielle.
Richet justifia sa classification dans un livre intitulé: *Traité de Métaphysique.* Mais la terminologie qu'il emploie fut critiquée par certains experts. On nia, par exemple, qu'en métaphysique l'introspection n'existait pas car subjective. Pour ceux qui vivent ces expériences tous les phénomènes sont objectifs.

Autres classifications

Lebiedzinski, éminent chercheur d'origine polonaise établit quatre groupes distincts de phénomènes paranormaux:

1. Modifications de l'état physique et psychologique des individus comprenant les états de transe, d'hypnose.
2. Perception supranormale: phénomènes dans lesquels il inclut la télépathie et la voyance.
3. Action supranormale de l'esprit sur l'organisme même du sujet qui expérimente les phénomènes paranormaux. Ces dits phénomènes seraient: les stigmates, la matérialisation, la transposition des sens et les radiations énergétiques.
4. Action supranormale de l'esprit sur la matière et l'énergie mais hors de l'organisme, c'est-à-dire tous les phénomènes de nature physiologique tels que raps, télékinésie, dématérialisation de la matière, etc.

Le chercheur polonais attribua ces phénomènes à l'existence de quatre facultés: la faculté de créer des personnalités et que l'on appelle idéoplastie du psychisme; la faculté de modifier et modeler la matière que l'on nomme idéoplastie de la matière; la faculté de modifier l'énergie et de pouvoir l'émettre que l'on appelle idéoplastie de l'énergie et enfin la faculté de pouvoir percevoir des phénomènes qui sont habituellement imperceptibles à nos cinq sens.
Un autre savant, Mackenzie, établit une différence entre les phénomènes spontanés et les phénomènes produits en labora-

toire. Cette classification considère le rayon d'action du sujet qui subit les phénomènes de cet ordre. Mackenzie reconnaît que cette classification des phénomènes est assez artificielle et il différencie également les phénomènes supramédiumniques des médiumniques et submédiumniques. Chacun de ces groupes se divise à son tour en phénomènes statiques, également appelés subjectifs et dynamiqúes, ou bien objectifs. Les phénomènes dynamiques répondent à trois types différents: molaire, moléculaire et atomique.
Ces trois dernières classifications ont fait l'objet de critiques diverses dans la mesure où elles sont difficiles à établir et à délimiter. Par ailleurs, les phénomènes ne sont envisagés que par rapport à la matière, excluant ainsi leurs liens avec l'énergie. Une autre critique formulée à l'égard de cette classification tient au fait que le binôme antithétique statique – dynamique fait allusion à la nomenclature de la mécanique et n'est certes pas approprié pour différencier les phénomènes qui appartiennent au domaine de la science humaine.

Vers une classification scientifique des phénomènes parapsychologiques

Le congrès de Varsovie s'est prononcé en ratifiant la différenciation générale entre phénomènes mentaux et phénomènes physiques sous la dénomination de métapsychologie et métapsycho-physique qui correspondent à parapsychologie et parapsycho-physique. Les détails n'en furent pas précisés et la possibilité qu'il existe des phénomènes à caractère mixte ne fut pas éliminée.
L'étude de la dimension inconsciente de l'esprit est particulièrement importante pour la parapsychologie et au cours de ce congrès on mit l'accent sur la nécessité de ne pas séparer complètement ces deux domaines au cours des recherches.

Considérations diverses sur les états parapsychologiques

Il est généralement admis que les phénomènes parapsychologiques se produisent avec des sujets dotés de facultés particulières et lorsqu'ils se trouvent dans certaines conditions favorables. On a constaté que, dans la plupart des cas, avant l'apparition d'un phénomène de nature paranormale, les sujets traversaient un moment organique particulier qui précédait ou coexistait avec le dit phénomène.
Quelquefois, ces états particuliers auxquels nous nous référons s'accompagnent de crises convulsives que l'on nomme "états de transe". Ils s'assimilent en grande partie aux états hypnotiques et les symptômes externes que l'on peut observer sont très semblables. On a souvent recours à l'hypnotisme au cours des expérimentations, pour conduire les médiums à l'état de transe. Le sommeil hypnotique n'est pas une forme de sommeil véritable comme on le croyait communément jusqu'ici. On a cependant également enregistré des phénomènes de nature paranormale pendant le sommeil véritable, comme c'est le cas par exemple pour certains songes prémonitoires. Les psychologues affirment que des sujets dont la personnalité présente des tendances hystériques ont une nette disposition pour l'état hypnotique lequel présente des caractéristiques différentes de celle de l'état de sommeil proprement dit.
Ces deux types de sommeil sont psychologiquement et physiologiquement distincts, mais, par ailleurs, diverses études faites

sur l'état de transe ont permis de mettre en évidence certaines caractéristiques qui autorisent à l'assimiler au sommeil hypnotique.

L'état de transe, tout comme l'état hypnotique, peut apparaître de façon spontanée ou bien peut être induit par divers facteurs externes. Un état d'ébriété provoqué par l'ingestion d'alcool ou une passe magnétique ou encore toute sorte de drogues peuvent conduire à ces états bien que dans certains cas, les individus puissent parvenir à l'état de transe ou à l'état hypnotique pour des raisons encore totalement inconnues.

Au cours des séances d'expérimentation, les sujets qui se prêtent aux tests s'endorment généralement d'eux-mêmes une fois réunies toutes les conditions favorables, c'est-à-dire lumière tamisée et silence afin de favoriser un climat de relaxation et de concentration. Certains sujets ont toutefois besoin d'être endormis au préalable par l'expérimentateur.

Pour conclure, l'état de transe et l'état hypnotique sont induits par les mêmes facteurs, présentent généralement les mêmes symptômes et les mêmes effets, disparaissent de façon semblable avec une caractéristique constante qui est l'oubli.

Nous pouvons donc affirmer qu'il existe une identité certaine entre l'état de transe et l'état hypnotique.

L'état de transe et ses caractéristiques

L'état de transe rappelle l'état hypnotique que le prof. Charcot provoquait chez certains patients et que nous pouvons diviser en trois phases, à savoir: léthargie, catalepsie et somnambulisme.

L'état de léthargie présente une caractéristique dominante: il s'agit de l'hyperexcitabilité musculaire. Au cours de la phase cataleptique, on observe une immobilité totale et une plasticité des attitudes et des automatismes. Au cours de la période de

somnambulisme, on observe une hyperesthésie sensorielle, l'apparition de l'intelligence et la formation de la personnalité.
Les phases que nous venons de citer ne se présentent pas forcément dans cet ordre fixe ni selon des caractéristiques invariables. Les expérimentateurs sont arrivés à produire une infinité d'états intermédiaires selon les facultés du magnétiseur et les caractéristiques propres à chaque sujet. La constance d'un individu dans ses états de transe dépend de la préparation reçue mais il serait inutile d'en tirer des conclusions sur la nature des expériences paranormales qui se produiraient au cours des différentes phases de l'état de transe.
Quant aux conclusions tirées par le chercheur Alrutz, elles furent souvent contestées. Alrutz analysa avec précision les états de transe d'une femme qui avait tout d'abord eu besoin de la présence de quelqu'un pour parvenir à cet état. Elle prenait la main de l'expérimentateur ou de la personne qui venait la consulter tout en faisant preuve d'un grand calme et se concentrait intensément pendant quelques minutes. Elle était alors prise de mouvements convulsifs qui allaient en augmentant jusqu'à culminer en une crise d'épilepsie. Après quelques râles, elle entrait dans un état de stupeur dont elle sortait au bout de deux ou trois minutes en poussant un grand cri. Elle se mettait alors à parler d'une voix différente de la sienne et selon la personnalité qu'elle avait soudain revêtue.
Au bout d'un certain temps, cette femme cessa d'avoir besoin de la main de l'expérimentateur pour entrer en état de transe. A quelques minutes d'intense concentration, succédaient quelques moments d'agitation sans perte de conscience de son identité. Elle secouait ensuite les épaules et la tête avant de s'incliner sur des coussins comme si elle cherchait à se reposer. Elle arrivait parfois à griffer ces coussins et gardait pendant un temps le regard fixe et les joues en feu. Ses yeux commençaient alors à rouler dans leur orbite, ses muscles à s'étirer et sa bouche à se tordre. Puis elle semblait s'évanouir avant de commencer à en-

trer en transe. Arrivée à ce point, elle perdait toute conscience de son identité et de tout ce qui l'environnait. Elle ne parvenait plus à maintenir sa tête droite, son pouls s'affaiblissait et son rythme respiratoire diminuait. Elle effectuait quelques mouvements d'une main tandis que son corps demeurait complètement immobile.

Elle sortait de son état de transe en traversant à nouveau ces mêmes phases, en sens inverse. Les séances d'expérimentation se poursuivaient pendant une heure environ.

Alrutz entreprit de différencier les phases successives de l'état de transe. Il distingua tout d'abord un état d'hypnose légère, en second lieu l'apparition d'un état cataleptique caractérisé par une écholalie et enfin un état léthargique avec disparition de la suggestibilité, télépathique ou directe. Le chercheur affirmait que l'apparition des différentes personnalités chez le sujet n'est pas un fait suggéré et qu'on ne peut pas non plus parler d'apparition d'états psychopathologiques épisodiques. Ce qui est interprété comme un état de léthargie est en fait du somnambulisme ou une combinaison de ces deux états. Ce phénomène, comme l'ont souvent signalé de nombreux chercheurs, serait de nature nerveuse mais les symptômes peuvent varier infiniment selon la nature de chaque individu. Dans presque tous les cas, cet état conduit à une dissociation de la conscience du sujet.

Il faut signaler que bien souvent l'identité de l'état de transe avec l'état hypnotique a été niée mais les objections faites à ce sujet n'ont jamais été suffisantes pour être prises en considération. Il a été prouvé que de nombreux individus offraient une grande résistance à l'hypnotisme et qu'il est extrêmement difficile de les faire entrer dans cet état. Par contre, il existe des sujets facilement suggestibles mais pas au point de tomber en état d'hypnose. La tendance à la suggestibilité n'est pas suffisamment irrationnelle pour que le sujet puisse passer à un état d'hypnose. En fait, sa conscience reste lucide et le sujet peut rationaliser sa tendance à la suggestion.

Le pithiatisme

Les chercheurs de l'Ecole de Nancy, les plus grands détracteurs de Charcot, alléguaient à l'encontre de la théorie de ce dernier, que ce que l'on nomme *songe nerveux*, propre à l'état de somnambulisme, converti en hypnotisme, était le résultat d'une simple illusion et que tous les symptômes qui apparaissaient étaient le fait d'une pure et simple suggestion. Cependant, la suggestion était utilisée dans la clinique en tant que procédé servant à la thérapeutique de certains états supposés de nature nerveuse. Avant que ne commence les années 20, on avait renoncé à l'hypnotisme comme pratique thérapeutique, malgré l'insistance de nombreux scientifiques qui croyaient fermement à l'utilité de cet outil de travail. Janet ne cessa d'insister sur la nature psychophysiologique de l'hypnotisme qui trouvait dans cet état une suggestivité pathologique qui était le produit de personnalités profondément atteintes de névrose.
Le neurologue français Babinski qui dirigeait une institution médicale, où Charcot poursuivait ses laborieuses recherches sur des sujets névrosés, maintint une attitude radicalement opposée à celle de Janet. En 1910, Babinski déclara que le somnambulisme artificiel n'existait pas et que la maladie dite "hystérie" n'entrait pas dans les classifications de la névrose mais consistait en une nette tendance à la suggestibilité. Sa position relevait d'une inversion des concepts que d'autres groupes de médecins tentaient d'imposer. Les affirmations de Babinski permettaient de considérer le phénomène de l'hypnotisme comme un produit résultant de la suggestion. D'où le terme: "pithiatisme". Un autre chercheur, Dupré, put approfondir bien plus encore ce sujet et introduisit dans la nomenclature psychiatrique le symptôme de la mythomanie selon lequel il est attribué un caractère mensonger à tout ce que disent les hystériques. L'hypnotisme fut abandonné quelque temps et tomba dans un discrédit absolu en tant que pratique thérapeutique.

Les affirmations tendant à jeter le discrédit sur l'hypnotisme furent suscitées en grande partie par les préjugés de l'époque, bien que plus tard elles furent progressivement rectifiées.
Dans certains milieux scientifiques, il fut reconnu que le somnambulisme provoqué possédait une réalité psychophysique semblable à celle du somnambulisme spontané, fait que l'on tenta d'expliquer par le pithiatisme.
Quelques années plus tard, l'hypnotisme fut réhabilité dans le monde de la science et fut bientôt appliqué de nouveau comme technique de soutien de certaines thérapies. Freud lui-même l'utilisa tout au début de l'élaboration de sa théorie psychanalytique, bien qu'il l'abandonna par la suite, reconnaissant qu'il n'était pas particulièrement doté en tant qu'hypnotiseur.

Le phénomène de la somnolence

D'après d'innombrables expériences, les phénomènes parapsychologiques se manifestent non seulement au cours d'états de transe hypnotique mais également pendant le sommeil véritable, avec des songes de nature prémonitoire dont le sujet, au réveil, peut se souvenir avec précision et en interpréter le message.
Certains expérimentateurs affirment que les couches profondes de l'inconscient livrent souvent à la conscience des contenus différents de ceux normalement supposés.
Nous savons qu'au cours de ces dits états de somnolence, les conditions favorables à l'éclosion de phénomènes parapsychologiques se trouvent réunies et, de fait, des phénomènes de cette nature ont pu être observés sans qu'il y ait pour autant perte de conscience du sujet. Il s'agit des états connus sous le nom de rêveries où l'esprit est absorbé pendant un laps de temps plus ou moins prolongé. Au cours de ces états, le sujet reste en contact avec la réalité et garde même les yeux ouverts, comme les yo-

parvenir à des états et des impressions semblables en ingérant du haschich qui arrive à libérer l'inconscient sans pour autant provoquer l'obnubilation de la conscience normale. Le sujet se rappelle fort bien au réveil ce qu'il a vécu sous l'influence de la drogue, contrairement à ce qui se passe au cours du somnambulisme.

L'investigation électrique du cerveau

En Argentine, le Docteur Carnavesio effectua diverses expérimentations sur des individus dotés de facultés paranormales. Ces tests furent réalisés avec sept sujets en état de transe qui acceptèrent de se prêter à ces travaux scientifiques. Cinq d'entre eux présentèrent un encéphalogramme normal tandis que sur les deux autres on releva un graphique très irrégulier de leur activité cérébrale.

Les résultats de ces recherches apportèrent des données très intéressantes, à savoir entre autres, que l'état parapsychologique ne présente aucune différenciation caractéristique par rapport au sommeil véritable.

Les conclusions de ces travaux scientifiques ont permis d'affirmer que l'état de transe constitue une expression normale et transitoire de réactions qui se différencient selon les caractéristiques de la personnalité de chaque individu et les procédés utilisés pour susciter ces réactions.

Les conclusions tirées par le Docteur Carnavesio furent dûment communiquées au Congrès d'Utrecht et les expérimentations poursuivirent leur cours, se reflétant dans une approche lente et ardue des phénomènes paranormaux.

guis, par exemple. D'autres états intermédiaires pourraient comprendre ceux causés par certaines drogues hallucinogènes. On a observé qu'au-delà de l'état d'extase provoqué, il existe une modification de l'état physiologique normal de l'individu sans qu'il se produise de perturbations au niveau de la conscience. A l'heure actuelle, on cite en exemple les visions hypnagogiques qui ont un caractère spontané et non expérimental.

Considérations sur les effets des drogues

Nombreux sont les chercheurs qui se sont consacrés à l'étude des drogues afin de rendre compte de ce qui se passe au cours de l'état de somnambulisme. On a établi la similitude qui existe entre cet état et celui d'ébriété provoqué artificiellement par l'alcool. On pourrait citer d'innombrables expérimentations en télépathie au cours desquelles on a vérifié que de petites quantités d'alcool favorisent de façon notable l'apparition du phénomène paranormal. A la suite de ces expériences, diverses hypothèses ont été formulées à propos de l'influence de l'alcool sur certaines zones du cerveau. On sait en outre que certains peuples primitifs avaient recours aux drogues afin de favoriser les phénomènes de divination ainsi que pour parvenir à certains états mystiques contribuant à l'apparition de phénomènes magiques accompagnés d'expériences hallucinatoires. L'ingestion de certaines drogues d'origine végétale avait la réputation de stimuler le contact avec les esprits. On étudia même certaines plantes qui favorisaient le don de divination telle qu'elle se pratique encore de nos jours chez certaines tribus indigènes, aussi bien en Amérique du Sud qu'en Afrique. Il existe maintenant une abondante bibliographie sur la fameuse plante mexicaine que l'on appelle *peyotl* et dont les principes actifs conduisent à un état d'extase au cours desquels le sujet expérimente d'extraordinaires visions et entre autres certaines images à caractère surnaturel. On peut

La perception extra-sensorielle est-elle exclusivement l'apanage de l'homme?

L'immense majorité des chercheurs qui se sont consacrés à l'étude des phénomènes parapsychologiques se sont exclusivement penchés sur les facultés humaines. Bien peu d'entre eux ont imaginé que ces pouvoirs encore fort mal connus puissent exister en dehors des êtres humains.
Il est fort probable que la croyance selon laquelle les facultés paranormales sont le patrimoine exclusif de l'homme reflète la place qu'occupe l'être humain dans l'échelle biologique, dernier maillon de l'évolution, c'est-à-dire le plus développé.
Toutefois, beaucoup d'entre nous ont été surpris d'apprendre récemment qu'un petit groupe de chercheurs avait découvert que l'homme partageait certains de ses pouvoirs paranormaux avec quelques espèces animales.

La crise de la philosophie biologique

Les conceptions les plus avancées de la philosophie biologique sont celles qui envisagent les phénomènes paranormaux dans le contexte de la nature.
On sait depuis peu, comme cela a été démontré expérimentalement, que certains phénomènes paranormaux existent chez quelques espèces animales. Toutes les explications classiques qui tentèrent vainement de révéler par quel mystère les oiseaux

arrivaient à émigrer sur des distances considérables, sans jamais se perdre en chemin, ne sont guère satisfaisantes.
Il suffit de méditer sur la complexité de la structure sociale des abeilles ou des fourmis pour se rendre compte que l'on sait fort peu de choses à leur sujet. Voilà un remarquable exemple de l'existence d'un psychisme collectif qui, durant des siècles de rationalisme, fut exclusivement attribué aux êtres humains.
Il existe bien peu d'énigmes qui étonnent autant les savants que le comportement des fourmis ou celui des abeilles. les lois qui régissent leur comportement social, leur système de communication et leur structure économique complexe ainsi que la dynamique de leur conduite.
Par ailleurs, bien des chercheurs furent surpris de constater un phénomène du mimétisme chez certains animaux dans certaines circonstances particulières, par exemple lorsqu'un danger quelconque les menace ou lorsque leur vie se trouve en danger. Ces phénomènes rappellent d'une certaine façon le phénomène connu sous le nom d'idéoplastie métaphysique.
L'existence de certaines facultés psychiques chez les animaux permet de supposer, conformément aux conceptions évolutionnistes, que les animaux dits supérieurs possèdent des facultés métapsychiques.
C'est un fait bien connu que les animaux sont particulièrement sensibles au phénomène de l'hypnose.
Au cours de certaines expériences, on a constaté que l'homme pouvait établir des communications d'ordre télépathique avec certains animaux, tels que le cheval par exemple ou le chien ou encore le chat qui arrivent bien souvent à percevoir certains phénomènes qui échappent à la perception sensorielle de l'homme. Ceci a été maintes fois observé et nombreuses sont les personnes qui croient que lorsqu'un chien aboie de façon lugubre, c'est parce qu'il pressent un événement malheureux et que la mort est proche. Il faut admettre l'existence d'une sorte de mystérieux pressentiment chez les animaux qui doit être pris

au sérieux et faire l'objet d'études scientifiques de la même façon que les facultés paranormales de l'être humain.

Le sens d'orientation des animaux

Une multitude d'expériences ont démontré que les animaux possédaient un sens de l'orientation qui nous déroutait et que l'on connaissait encore fort mal. Les animaux arrivent en effet à s'orienter sur de grandes distances, loin de leur environnement habituel sans que jusqu'ici on ait encore pu expliquer cette mystérieuse faculté. Pour illustrer cela, citons les expériences faites avec des chats qui furent conduits en voiture à plusieurs kilomètres de là où ils demeuraient habituellement. Les chats surent toujours revenir, en passant par les chemins les plus courts.

Les cas les plus intéressants de retour au lieu d'origine sont ceux des chauve-souris qui, comme chacun sait, volent toujours de nuit. Ces animaux arrivent à parcourir des distances de 50 kilomètres dans un délai de 26 heures.

On a également soumis des rats à diverses expériences, en les plaçant au beau milieu de labyrinthes sans lumière et en les faisant tourner en rond pendant quelques minutes afin de les dérouter.

Cependant, les animaux essayent toujours de s'échapper d'un même côté, c'est-à-dire en direction du sud.

Un autre cas également très intéressant est celui des pigeons âgés de cinq ou six semaines qui sont formés et dressés par les adultes et qui au bout de quelques mois peuvent voler sur des distances de vingt kilomètres. Des groupes de pigeons ont été transportés en train sur des distances de plus en plus grandes pour être ensuite relâchés et on a pu observer qu'au bout d'un certain temps, ils revenaient toujours à leur pigeonnier. Quelques-uns seulement se perdaient ou se fixaient en un autre

lieu pour une raison quelconque mais la plupart savaient comment retourner à leur lieu d'origine. Il savent aussi revenir à leur pigeonnier par delà les mers et les lacs. Ils volent également de nuit de sorte que toute explication faisant référence aux radiations solaires comme point de repère n'est pas valable.
Parmi les diverses suppositions avancées afin d'expliquer ce sens de l'orientation des oiseaux, citons l'hypothèse selon laquelle les objets émettent des ondes ou encore la théorie qui fait intervenir le magnétisme du globe terrestre. Il est certain que toutes sortes d'expériences ont été faites afin de vérifier la nature du phénomène qui se produit et qui permet aux pigeons de s'orienter et de retourner à leurs lieux d'origine. Jusqu'à présent il n'a pas encore été possible de fournir une explication valable à ce phénomène. Cette question demeure encore sans réponse mais la plupart des expérimentateurs sont d'accord pour classifier ces phénomènes dans le domaine de la voyance.
Prenons un autre exemple et observons certaines facultés métapsychiques mises en évidence chez les abeilles. Choisissons pour illustration les travaux scientifiques de von Frisch sur les facultés d'orientation spécifiques de ces insectes. Il semble évident qu'ils disposent d'un système de langage qu'ils utilisent pour communiquer entre eux afin de maintenir la subsistance de l'espèce. Sur la base de curieuses expériences dûment établies, on peut déduire que lorsqu'une abeille butineuse découvre une source de ravitaillement, elle transmet immédiatement l'information à la communauté. Une fois que l'exploratrice a passé le message, une équipe s'éloigne de la ruche pour se diriger aussitôt et précisément là où se trouve le butin, sans qu'aucune abeille ne les guide.
Nous pouvons nous poser les questions suivantes: de quelle façon l'abeille butineuse communique-t-elle à ses congénères la direction vers laquelle elles trouveront le pollen à récolter? Comment celle-ci peut-elle apprécier le nombre d'ouvrières nécessaires pour mener à bien l'opération?

Lorsque la butineuse retourne à la ruche, d'une part elle informe ses compagnes selon une danse bien particulière et d'autre part elle leur indique le volume de la récolte qu'elle a pu évaluer.
Au bout de vingt-cinq ans de longues et patientes recherches, von Frisch put établir certaines hypothèses sur le système de communication des abeilles. Afin de parvenir à ses objectifs, il mit en place des sources artificielles de pollen pour pouvoir ainsi observer attentivement le comportement des abeilles et noter avec précision les différents procédés auxquels elles ont recours et leurs conduites respectives. Il étudia également les ruches de très près afin de savoir ce qui s'y passait.
Lorsque l'abeille butineuse revient de sa tournée d'observation, elle se glisse dans le pain de miel où elle esquisse une curieuse danse sur l'une des parois verticales du rayonnage. Les ouvrières qui sont restées dans la ruche prêtent une attention particulière à cette danse et dès que l'exploratrice a fini de transmettre l'information, elles prennent finalement leur envol dans la bonne direction.
Elles arrivent à repérer les fleurs signalées sans que l'exploratrice ait à les guider.
Quel ne fut pas l'étonnement du chercheur lorsqu'il découvrit qu'il existait deux types de danse. En effet lorsque la source de ravitaillement se trouve à proximité de la ruche, l'exploratrice effectue une danse différente de celle qu'elle exécute si la source est éloignée. On en conclut que l'abeille exploratrice peut communiquer trois sortes de messages différents, c'est-à-dire: la direction dans laquelle se trouve l'objectif, le type de butin découvert et la distance à laquelle il se trouve.
Communiquer le type de ravitaillement dont il s'agit est encore relativement facile dans la mesure où la butineuse retourne à la ruche avec une petite quantité de nectar ou de pollen, échantillon en quelque sorte de ce qu'elle a découvert, tout empreint encore du parfum de la fleur butinée. Ce point étant résolu, les

abeilles ouvrières connaissent ainsi le matériel découvert grâce à leurs facultés olfactives et gustatives. Mais dans quelle direction doivent-elles se diriger?

Von Frisch nous explique comment les abeilles en sont informées grâce aux pas de danse qu'exécute l'exploratrice.

Quand elle est parvenue à localiser une source de nectar, de pollen ou de propolis, elle retourne à la ruche et transmet l'information à ses compagnes en exécutant une danse au rituel bien précis: le vol sera circulaire si la source d'approvisionnement est à moins de 100 mètres de distance, mais se déroulera en forme de "8" si elle est plus éloignée. Les vols sont également différents en fonction de l'importance et de la direction de la source.

On a également découvert que les messages visuels se combinent aux messages auditifs. Tandis que la danseuse exécute ses pas de danse à un rythme plus ou moins rapide, elle émet en même temps un son sifflant. On a pu ainsi enregistrer une sorte de dialogue entre des abeilles qui échangeaient entre elles certains sons dont elles tirent l'information nécessaire pour localiser ensuite la récolte signalée.

Avec ces quelques exemples, nous n'avons pas ici la prétention de démontrer que les phénomènes relatifs à la communication animale sont dus à certaines facultés de PES que nous ignorons encore en grande partie, mais uniquement de souligner combien l'étude des facultés paranormales chez certaines espèces animales pourrait nous éclairer.

La plupart des savants sont d'avis que la communication des abeilles doit être réduite en termes de sensation mais que bien peu osent en fait se détacher de l'orthodoxie de la recherche scientifique.

Toutefois, il existe des travaux entrepris en Union Soviétique sur les éventuelles facultés paranormales de certains animaux et plus spécialement des chiens. Ils sont dus au physiologue Betcherev qui effectua diverses expériences pendant plusieurs années et publia ensuite un long rapport sur les données qu'il avait rassemblées au cours de ses travaux.

Dans ce rapport, Betcherev admet que la pensée des personnes qui participèrent aux expériences faites avec des chiens avait eu une nette influence sur le comportement des animaux, sans que soit intervenu de façon directe l'un des cinq sens que nous connaissons.

En 1927, lorsque Rhine prit la direction des recherches scientifiques de l'Université de Duke et entreprit d'effectuer certains travaux avec le professeur Mc Dougall, tous deux décidèrent de rendre visite à la propriétaire d'une jeune pouliche qui avait suivi un strict apprentissage. En effet, la pouliche avait été dressée à épeler des réponses à l'aide de son museau: elle montrait des lettres placées dans un appareil spécialement conçu à cet effet. A partir de ce moment, des chevaux furent soumis à divers tests sur la base des expériences que Rhine et ses collaborateurs mirent au point. Un rapport fut ensuite publié affirmant que les chevaux semblaient posséder des facultés paranormales.

On tenta plus tard d'effectuer diverses expériences avec des chats. Les résultats ne furent guère spectaculaires mais mirent en évidence certains faits autorisant les chercheurs à affirmer que les chats, d'une façon ou d'une autre, subissaient l'influence de phénomènes paranormaux bien qu'il fut impossible de déterminer si ceux-ci possédaient réellement des facultés paranormales ou s'il s'agissait simplement d'un effet de transmission des facultés de PES de la part des personnes qui participaient à ces expériences.

Vers 1950, on entreprit d'importantes recherches scientifiques dans les Laboratoires de Parapsychologie de l'Université de Duke qui permirent d'affirmer qu'un chien appelé Chris était capable de répondre à n'importe quelle question qu'on lui posait. L'animal répondait en touchant le bras de son propriétaire. Des démonstrations de toute sorte furent alors faites aussi bien en privé qu'en public. Dans la plupart des cas, le propriétaire connaissait les réponses aux questions. Cependant, les chercheurs qui assistèrent à ces démonstrations ne purent constater aucun type d'intervention d'ordre sensoriel par lequel le propriétaire aurait pu signaler à l'animal comment se comporter. Le propriétaire du chien manifesta un immense intérêt pour que les recherches soient poursuivies et de l'avis des chercheurs le cas méritait d'être étudié plus longuement. Trois ou quatre ans plus tard, on demanda donc au propriétaire l'autorisation d'entreprendre certains tests. La réponse fut favorable et les séances commencèrent. Elles consistèrent à apprendre au chien à deviner des cartes de PES. Au bout d'un certain temps, le chien arriva à deviner des cartes que pouvait voir la personne qui effectuait le test. On affirma alors qu'il s'agissait de phénomènes télépathiques; à la grande surprise de tous, il fut de constater que l'animal ne donnait que des bonnes réponses, sans aucune erreur.

On pensa alors que le propriétaire du chien possédait peut-être des facultés de PES, et que, connaissant les résultats grâce à ses facultés de voyance, il transmettait ensuite au chien ce qu'il avait deviné par perception extra-sensorielle.

Les tests effectués avec le chien Chris furent répétés en 1957 puis en 1958 et l'on obtint des résultats remarquables et surprenants. Les hypothèses sur le pourcentage de probabilités dû au hasard furent totalement éliminées, et on conclua que les expériences avaient été extrêmement positives.

On obtint également d'excellents résultats à la suite d'expériences faites sur des animaux, en laboratoire, dans le monde entier et si l'on tient aussi compte de la multitude de faits anecdotiques rapportés sur la faculté d'orientation des animaux et autres phénomènes semblables qui n'ont pas encore pu être expliqués de façon sensorielle, il faut convenir que nous sommes encore loin de pouvoir expliquer rationnellement ces perceptions particulières.

Certains scientifiques inclinent en faveur de l'hypothèse selon laquelle les êtres humains utilisent sans le savoir leurs propres facultés extra-sensorielles déterminant certaines influences sur les animaux qui sont utilisés pour les expérimentations scientifiques.

Toutefois, rien ne nous permet de renoncer à la possibilité de trouver chez les animaux ces mystérieuses facultés de PES. On a enregistré divers cas de manifestation spontanée de PES chez les animaux. Le cas des pigeons voyageurs est un fait curieux, qui mérite d'être étudié avec toute la rigueur scientifique nécessaire.

Si de nouvelles observations permettent de justifier nos suppositions actuelles, l'approche sera moins ardue et de grands mystères pourront enfin être élucidés.

Le spiritisme

Le spiritisme est une pratique extrêmement répandue qui compte des millions d'adeptes dans presque tous les pays du monde entier. Les spirites informent volontiers toutes les personnes s'intéressant à leurs théories métaphysiques dont la diffusion se fait par d'innombrables publications.

Comme s'il s'agissait d'une religion, le spiritisme maintient la croyance en la survie de l'âme et les valeurs morales préconisées sont fort semblables à celles de la doctrine chrétienne. Les plaisirs des sens sont discrédités et la charité vis-à-vis du prochain est exaltée.

La doctrine spirite consiste en quelques dogmes qui sont fondamentaux.

L'un d'eux est la possibilité de communiquer avec les êtres défunts et l'autre la réincarnation. Ces deux croyances sont considérées comme des vérités irréfutables. En réalité, la doctrine spirite offre de plus grandes similitudes avec la religion protestante qu'avec le culte catholique. Les spirites refusent de croire au démon et à l'existence d'un enfer, contrairement aux postulats soutenus par l'église catholique. Les spirites affirment que l'être humain se compose de trois réalités: un corps physique qui prend fin avec la mort, un corps fluide considéré comme le *périsprit* qui se sépare du corps physique pendant le sommeil et l'état de transe qui serait celui qui donnerait lieu aux phénomènes supranormaux; enfin la doctrine postule l'existence

d'un esprit qui est considéré comme impérissable et susceptible de perfection.
Le *périsprit* aurait la fonction de régulariser les activités organiques. Il est en outre le reflet des valeurs intellectuelles et morales. Le *périsprit* se perfectionne à travers diverses réincarnations mais sa faculté d'agir sur la réalité matérielle diminue peu à peu. Il faut également faire mention de la théorie selon laquelle les esprits ne se manifestent jamais au cours des séances selon des phénomènes d'ordre physique mais s'expriment à travers l'écriture automatique ou bien au travers des esprits primaires qui agissent en tant qu'intermédiaires.
La transmission des messages s'effectue à travers les médiums. Ceux-ci possèdent la faculté de faire sortir l'esprit et le *périsprit* du corps physique afin de laisser le corps physique aux défunts qui désirent envoyer des messages. Une fois séparé du corps physique, le médium est à la disposition de l'esprit qui désire transmettre un message aux vivants.
Le médium possède un esprit qui le protège, une sorte de contrôle ou de guide qui, en même temps, se consacre à la recherche de parents et d'amis dans l'*autre monde*, où sont effectuées les mêmes tâches que sur terre. Le but de la recherche consiste à établir une communication entre ces deux mondes, entre les vivants et les morts.
Dans l'autre monde, l'esprit expie ses fautes mais retourne ensuite sur la terre et se réincarne pour continuer à réparer ses erreurs, ignorant, au cours de sa nouvelle vie, toutes les expériences vécues antérieurement. Des réincarnations successives se produisent de la sorte jusqu'à parvenir à un degré de perfection tel que l'esprit devient apte à demeurer définitivement dans un monde purement spirituel.
Certaines remises en question de la part d'éminents scientifiques obligèrent à partir de 1880 les spirites à reconsidérer certains postulats de leur doctrine. Quelques adeptes lucides renoncèrent à des postulats trop dogmatiques et décidèrent d'a-

dopter une autre théorie à caractère animiste. A partir de ce moment, on commença à attribuer aux médiums certains phénomènes que l'on prêtait auparavant aux esprits.

Bien des spirites finirent par reconnaître que vraisemblablement aucun esprit n'intervenait dans les communications avec les médiums et que les messages d'outre-tombe devaient être attribués aux médiums eux-mêmes.

Le spirite Geley arriva à la conviction que les messages provenant d'un pseudo-*autre monde* étaient pour la plupart extrêmement douteux.

De nos jours et en raison des découvertes faites dans le domaine de la parapsychologie, les spirites se trouvent sur une voie sans issue et les évidences de certains phénomènes paranormaux qui peuvent se produire sans qu'interviennent pour autant les esprits ont suggéré une nouvelle formulation des postulats spirites. En outre, on sait que certains phénomènes spirites contiennent des éléments provenant du subconscient de personnes en vie. Actuellement les spirites lucides qui font des analyses rationnelles et possèdent des connaissances scientifiques suffisantes ont renoncé à trouver des preuves justifiant les vieux dogmes.

Les critiques

Le manque de fondement des preuves avancées, la fragilité des hypothèses des adeptes du spiritisme et bien d'autres circonstances ont mis en évidence l'inconsistance des bases qui soutiennent la doctrine spirite.

Pour la science psychologique moderne, il n'existe pas de pensée sans activité nerveuse supérieure, ni de personnalité sans organisme qui lui serve d'appui.

Après les années 1880, les recherches effectuées sur le somnambulisme permirent de remettre en cause les affirmations des spirites sur une base théorique essentiellement psychologique. Les fondements de ces théories psychologiques furent avancés par le philosophe allemand Hartmann. D'autres arguments en faveur de ces hypothèses furent par la suite exprimés par divers savants tels que William James, Mackenzie, Flournoy, Boirac, Richet et bien d'autres.

Les démonstrations qui furent faites ne garantissaient pas une exactitude totale. Les expériences pratiques étaient alors limitées et l'on ne faisait que supposer l'existence de certains phénomènes sans pouvoir encore les affirmer. Hartmann ne put jamais croire à la réalité objective des phénomènes physiques et en arriva à échafauder une théorie totalement invraisemblable à ce sujet.

Hartmann établit un rapport entre les phénomènes en question et la conscience somnambule qui, selon lui, présente quatre caractéristiques: son fonctionnement est concomitant avec la conscience éveillée et, à la suite de certaines modifications, une nouvelle personnalité apparaît. Elle renforce et multiplie le pouvoir de la mémoire des expériences vécues à l'état de veille. Elle crée une communication de type mental avec les personnes qui se trouvent présentes. Enfin Hartmann affirma qu'il serait plus exact de lui attribuer la faculté de voyance proprement dite. Les adeptes de Hartmann démontrèrent, preuves à l'appui, les affirmations avancées sans arriver à introduire de modifications substantielles.

Les travaux présentés au Congrès International de Varsovie apportaient diverses preuves en faveur de ces arguments sur lesquels les spirites basaient leurs affirmations pour élaborer leur doctrine.

Considérons la propension de certains sujets à incarner les morts au cours des séances de spiritisme. Dès que l'on analyse la préparation des spirites, il devient évident qu'il existe une véritable influence d'une éducation essentiellement spirite. Il est rare de rencontrer des sujets qui aient pu échapper à cette influence. Il faut également tenir compte, et c'est important, de toutes les croyances populaires qui s'orientent dans ce sens. Tout phénomène de nature parapsychologique est interprété comme possible, une fois que l'on a admis l'intervention des esprits de personnes défuntes, de sorte que de nombreux facteurs contribuent à renforcer la tendance à interpréter ces phénomènes d'un point de vue spirite.

Lorsque les médiums croient qu'ils entrent en communication avec les esprits, ils ne font que refléter et renforcer l'éducation qu'ils ont reçue et bien que, parfois certains abandonnent leurs pratiques, les croyances qu'ils ont cultivées pendant un certain temps restent inscrites dans leur inconscient. Ces réactions humaines ont une explication rationnelle. Le vif désir de retrouver les êtres avec lesquels d'intenses sentiments d'affection ont été partagés exerce entre autres facteurs, une très nette influence sur les sujets. On évoque toujours les personnes qui ne sont plus. On ne souhaite pas évoquer les vivants mais les êtres chers que l'on a perdus.

Dans les sociétés médiévales, les hommes subissaient l'influence des doctrines religieuses et seuls les démons étaient incarnés. Dieu était le centre de tous les phénomènes qui se produisaient dans l'univers.

Le magnétisme animal rompt avec une longue série de croyances. Les adeptes du *magnétisme animal* se proposaient d'en finir avec les interprétations diaboliques et divines de certains phénomènes. Les partisans du magnétisme animal ne croyaient pas eux non plus que les vivants puissent en aucune façon communiquer avec les morts. Ils croyaient certes à certains phénomènes spontanés mais les considéraient comme des cas exceptionnels.

Deleuze affirmait qu'il n'avait jamais pu concevoir l'idée qu'un être quelconque à caractère spirituel puisse intervenir dans ce type de phénomènes. Il ajoutait que le somnambulisme était une exaltation des capacités mentales de l'homme, une prolon-

gation, un meilleur développement des facultés des organes sensoriels. Il insistait sur le fait que lorsque se produit l'état de somnambulisme, l'âme humaine a la possibilité de se détacher du corps et de recevoir des impressions sans l'intervention des organes qui nous permettent de percevoir normalement.
Il croyait même que l'âme pouvait agir par ses propres moyens et obtenir certaines influences sur tout ce qui présentait un intérêt particulier pour elle.
Deleuze ainsi que tous les autres magnétiseurs de l'époque rejetaient l'idée que les personnes en état de somnambulisme puissent entrer en contact avec des êtres non visibles.
Les êtres fantasmagoriques dont parlaient les somnambules n'étaient que des images de personnes vivantes.
Les critiques faites au spiritisme affirmaient que les médiums ne faisaient que faire parler les vivants tout en prétendant faire parler les morts. Lorsque l'on affirmait avoir entendu parler les morts et que les réponses reçues étaient fausses ou inexactes, les médiums soutenaient qu'il s'agissait d'esprits menteurs. Mais en fin de compte les critiques démontrèrent que les morts parlants étaient l'expression de fortes tendances affectives d'êtres vivants.
La révélation de l'identité des esprits acquit un aspect très important. Bien des spirites étaient déjà fort déçus par de nombreux messages qu'ils recevaient et commencèrent à exiger des preuves concrètes. Bien souvent les messages transmis n'étaient connus que de ceux qui communiquaient. Dans d'autres cas, les morts étaient présents afin de régler leurs comptes avec les vivants, de réparer des erreurs ou des situations qui étaient restées en suspens. C'étaient parfois des situations que les êtres vivants eux-mêmes ignoraient tout à fait. Il s'agissait là de toute évidence de phénomènes de voyance.
A ce stade, les hypothèses parapsychologiques sont naturellement plus logiques que celles des spirites qui ne peuvent en aucune façon rendre compte des phénomènes spontanés. La pa-

rapsychologie affirme que ces phénomènes correspondent en règle générale à des souvenirs enfouis dans l'inconscient du sujet, totalement oubliés et qui soudain remontent à sa conscience à travers la mobilisation onirique de données psychiques dissociées au cours de l'état de transe. Il peut également s'agir de pensées de personnes qui assistent aux séances.

Les spirites affirment que bien des phénomènes spontanés ne peuvent s'expliquer par la parapsychologie. Parmi ces phénomènes, nous pouvons citer le cas des apparitions, accomplissements de promesses. Quelques personnes s'engagent parfois auprès d'êtres chers à effectuer une apparition immédiatement après leur mort. Ces apparitions peuvent se produire et se matérialiser de différentes façons, certaines par des coups que l'on perçoit distinctement, d'autres sous forme de fantômes, etc. Ces promesses ne sont pas toujours tenues mais il suffit que quelques-unes s'accomplissent avec vérifications à l'appui pour que l'affaire gagne un certain crédit.

Un chercheur raconte le fait suivant. Une personne avait promis un jour à un ami que lorsqu'il mourrait il reviendrait et bougerait les tableaux qui étaient accrochés dans son bureau. Quelques semaines après sa mort, la promesse fut tenue; les tableaux n'étaient plus à leur place habituelle et certains étaient même de travers.

L'explication paraspsychologique se limite à étudier les faits afin de découvrir la personne qui a pu déclencher ce phénomène.

Ce peut être le défunt qui agit d'une manière ou d'une autre afin de déplacer les cadres. Ou bien encore l'ami du défunt qui, en apprenant la mort de ce dernier, accomplit de façon inconsciente la promesse. Certains envisagent même une collaboration entre les deux personnes.

Le petit nombre de cas de ce genre par rapport à l'énorme quantité de promesses faites pourrait certes porter à réfléchir. Lorsque les promesses formulées avaient trait à des expériences à caractère scientifique, les résultats obtenus n'étaient guère plus satisfaisants.

Les spirites anglais essayèrent d'améliorer les expériences sur la survie afin d'accroître le cercle de leurs adeptes et de convaincre les incrédules. Au lieu de ce que l'on appelait alors la *correspondance croisée*, Flournoy propose une dénomination plus correcte, à savoir: *les messages complémentaires*. Il s'agit de communications obtenues à travers l'écriture automatique faisant intervenir différents médiums. Ces communications, incomplètes lorsqu'elles sont prises séparément, prennent une certaine signification dès qu'elles sont réunies. Mais elles ne sont pas toujours claires et certaines restent tout à fait indéchiffrables. Il n'existe aucun rapport entre les différents médiums. Dans certains cas, ils appartiennent d'ailleurs à des localités très éloignées les unes des autres et ne se connaissent pas; toutefois les messages sont transmis au même moment.

La transmission de fragments de messages, incompréhensibles pour les médiums lorsqu'ils sont pris isolément, autorise à éliminer la possibilité d'une sorte de transmission télépathique mutuelle.

Selon Kardec, la réincarnation n'est qu'un fait dicté par les valeurs morales de la doctrine spirite. Un de ses collaborateurs, G. Delanne, essaya de démontrer cette théorie, preuves à l'appui en invitant des enfants prodiges à se souvenir de leurs existences passées. Il tenta également de parvenir à la régression de la mémoire au cours de séances d'hypnose.

Il affirmait que les cas de souvenirs d'existences antérieures, quand une personne, pendant son sommeil, rêve de lieux inconnus où elle se promène puis vérifie postérieurement que ces lieux existent réellement sont des phénomènes qui peuvent s'expliquer par la voyance, renforcée par l'autosuggestion; les autres phénomènes, c'est-à-dire la fausse reconnaissance ou paramnésie s'expliquent en tant qu'inversions de souvenirs et de perceptions.

En ce qui concerne la régression hypnotique du souvenir, diverses expériences furent faites. On hypnotisa plusieurs sujets afin qu'ils parviennent à reculer dans le temps. Les sujets arrivaient effectivement à retrouver le langage correspondant aux différentes époques de leur existence. Des chercheurs étaient les témoins de ces régressions en différentes étapes que les sujets revivaient jusqu'au moment même de leur naissance pour ensuite commencer à retracer une nouvelle existence en sens inverse.
Un examen minutieux des personnages que les sujets décrivaient démontra a posteriori qu'il s'agissait d'histoires forgées par l'imagination de ceux-ci. Aucun fait permettant de prouver l'authenticité des histoires rapportées ne put être mis en évidence.

Certains chercheurs ne se contentaient pas uniquement d'obtenir que le sujet évoque son passé, mais encore qu'il fasse certains pronostics sur son avenir.

De ce type d'expériences, les spirites conservent le cas d'une petite fille décédée à l'âge de cinq ans et qui réapparut ensuite sous les traits d'une autre enfant assez semblable. La parapsychologie peut rendre compte de ces phénomènes à l'aide de la pré-cognition et de l'idéoplastie car il s'agit de faits dont le mystère a été élucidé et qui ont été étudiés en tant que phénomènes ayant une explication en parapsychologie.

Nous venons de passer en revue divers arguments critiques démontrant à quel point les affirmations spirites peuvent être erronées.

Certains spirites, lucides et logiques, reconnaissent le bien-fondé de quelques-unes de ces objections mais continuent d'échafauder de multiples suppositions. Ils affirment, entre autres, que les esprits supérieurs évitent le contact du monde des vivants et qu'ils possèdent un *périsprit* extrêmement subtil qui leur permet d'accéder à d'autres mondes dont ils ne reviennent guère et où ils préfèrent rester indéfiniment. En revanche, les esprits qui parlent au cours des séances de spiritisme sont les plus vulgaires et usurpent l'identité d'esprits supérieurs pour se faire remarquer par toutes sortes de moyens.

Il est très significatif que les sujets spirites n'aient jamais pu être utiles dans le domaine de la recherche parapsychologique. De nombreux chercheurs scientifiques tentèrent quelques expériences avec des sujets adeptes de la doctrine spirite mais les résultats n'aboutirent pas. Les quelques spirites qui collaborèrent en de rares occasions avec les chercheurs, n'apportèrent aucune donnée nouvelle qui ait contribué au progrès de la science dans ce domaine.

Dès que l'on demande aux esprits de décrire leur vie dans l'"autre monde", on n'obtient jamais de réponses très satisfaisantes. Les esprits rétorquent souvent qu'il est pratiquement impossible de décrire leur vie ou bien encore que les vivants ne sont guère à même de comprendre leurs réponses et ils précisent qu'il leur est impossible de révéler quoi que ce soit.

Selon le médium P. Cornillier, le monde où habitent les esprits se compose de dix sphères. Dans la première, vivent les esprits animaux, dans la seconde se trouvent les jeunes esprits humains, dans la troisième et la quatrième demeurent les esprits désincarnés qui conservent encore certains rapports avec le monde des vivants. A partir de la cinquième sphère, les esprits n'entrent plus en contact avec les vivants de façon directe; ils sont dotés de la faculté de vision astrale et se consacrent exclusivement à leur ascension aux niveaux supérieurs. Les esprits appartenant à la sixième sphère ne sont plus soumis au processus de la réincarnation. Ceux qui demeurent dans la neuvième et la dixième sphère sont chargés de diriger l'évolution et sont appelés les esprits-guides.

Tous les phénomènes sont soumis au contrôle de ces esprits-guides que l'on nomme également esprits-lumière, qui contrôlent jusqu'à l'évolution biologique et déterminent également la faculté de voyance, à partir des visions qu'eux-mêmes rendent possibles.

Lorsque les spirites demandent des précisions sur l'identité des esprits, il est fréquent d'observer que ces derniers ignorent totalement des faits extrêmement importants et que les messages sont fort confus. Les communications que les médiums transmettent sont nettement empreintes des éléments de leur propre personnalité et tous les faits inexacts que l'on peut relever sont expliqués à force d'arguments tendant à démontrer la difficulté de capter les messages des esprits.

Le phénomène spirite s'est répandu de façon réellement inattendue et est organisé dans certaines sociétés comme s'il s'agissait d'une véritable doctrine religieuse. Nous pourrions citer les cas du Brésil ou encore des Etats-Unis parmi de nombreux autres pays.

Le spiritisme est par conséquent une position religieuse fondée sur certains postulats bien précis, à caractère idéologique, à partir desquels toute une nouvelle conception du monde s'est développée. Selon cette théorie, les phénomènes parapsychologiques jouent un rôle prépondérant. Le spiritisme interprète ces phénomènes comme une action authentique des esprits sur notre monde terrestre. La parapsychologie essaie d'expliquer les phénomènes paranormaux comme des phénomènes d'ordre psychogène, rejetant bien sûr tout indice éventuel d'éléments à caractère religieux. On observa des tentatives semblables lorsque Franz Mesmer[1] avec sa toute nouvelle doctrine rendit compte des phénomènes parapsychologiques observés au cours de l'état de transe. Ces phénomènes se produisaient sous forme de somnambulisme au cours des traitements que Mesmer appliquait à ses patients.

Mesmer lui-même, et c'est là une précision très intéressante, expliquait sa doctrine sur le magnétisme animal comme s'il s'agissait d'une découverte scientifique, se produisant dans le do-

[1] Franz Mesmer (1734-1815) était un médecin allemand, fondateur de la théorie du magnétisme animal *dite mesmérisme*.

maine des sciences naturelles et mettant un terme aux interprétations démonologiques de certains phénomènes sur lesquels la parapsychologie se penche à nouveau ces dernières années. A cette époque, en effet, les interprétations démonologiques étaient le fait des représentants de l'Eglise.
Mesmer se heurta vivement, et à maintes reprises, aux représentants de l'Eglise qui ne firent que renforcer la pratique de certains rituels destinés à exorciser les démons. Après de multiples et notables disputes avec les ecclésiastiques de l'époque et diverses démonstrations à l'encontre des pratiques exorcistes, Mesmer fut nommé membre de l'Académie des Sciences de Bavière. La science remporta alors une grande victoire sur les hypothèses démonologiques et leur méthode d'exorcisme.
Mesmer suggéra la possibilité d'interpréter l'ensemble des phénomènes parapsychiques (qui jusqu'alors étaient considérés comme des influences démoniaques et des mauvais esprits) en tant que phénomènes naturels et, se servant du magnétisme animal, tenta d'appliquer divers procédés de type thérapeutique.
La nouvelle conception avancée par Mesmer traça deux voies. L'une d'elle débouchait sur l'éclosion du spiritisme, en Allemagne, en France et en Angleterre et conduisit ces pays vers le développement des pratiques spirites, tandis que l'autre chemin mena vers un net mouvement en faveur de pratiques thérapeutiques et de leur progrès. Elle contribua ainsi au développement de l'hypnose, de la psychiatrie et de la psychanalyse.
On fit appel aux médiums en état de somnambulisme dans certains pays tels que la France et l'Allemagne afin d'obtenir grâce à eux certaines prédictions de diagnostic.
Les pratiques effectuées avec des somnambules avaient une finalité thérapeutique bien que par la suite, elles firent partie des travaux scientifiques portant sur les phénomènes parapsychologiques.
Toutefois au bout d'un certain temps, Mesmer devait regretter amèrement l'évolution et l'orientation de certains faits et les dé-

plorer vivement. Il s'irritait en effet de voir que certains de ses collaborateurs confondaient le magnétisme et l'état de somnambulisme. Le fait même que ses collaborateurs puissent systématiquement plonger tous leurs patients dans l'état de somnambulisme le conduisait à croire qu'ils étaient finalement leurs propres ennemis et allaient à l'encontre de la théorie.
Certains collaborateurs et disciples de Mesmer entrèrent même en contact avec le monde des esprits, par l'intermédiaire de quelques somnambules. Le somnambulisme était alors assimilé à une sorte de transe pendant laquelle l'âme du sujet abandonnait le corps physique et prenait contact avec les esprits des défunts. Certains phénomènes parapsychologiques, où le sujet en état de transe subissait certaines modifications du langage et des mouvements, étaient interprétés comme s'il s'agissait d'un esprit venant d'un autre monde et produisant ces effets. Tout se passait comme si l'esprit des êtres défunts prenait possession en quelque sorte des êtres vivants.
Quelques années plus tard, Tardy de Montravel, l'un des grands noms du spiritisme, énonça sa théorie selon laquelle l'esprit du sujet magnétisé, en état de somnambulisme, abandonne le corps pour s'envoler à la recherche des esprits de l'au-delà. C'est à cette époque que l'on parla des contacts établis avec les esprits. Les expériences spirites se développèrent alors à Stockholm, au sein d'une communauté qui s'était fixée comme objectif de propager la doctrine spirite et en même temps de donner au phénomène du magnétisme animal un sens éminemment mystique.
Entre la communauté suédoise qui s'appelait Société Exégétique et Philanthropique de Stockholm et la Société du Magnétisme Animal de Strasbourg, une vive querelle se développa bientôt. La Société de Strasbourg attribuait au phénomène un caractère scientifico-naturel purement matérialiste, utilisant comme argument l'existence d'un fluide naturel du monde physique.

Après avoir confirmé certains faits, quelques-uns des collaborateurs et disciples de Franz Mesmer commencèrent à se pencher avec un très vif intérêt sur la doctrine spirite. Ces collaborateurs avaient auparavant manifesté des tendances nettement scientifistes.

Deleuze plus particulièrement voulut étudier de plus près le domaine du spiritisme.

Une grande partie de la terminologie du spiritisme fut forgée par Allan Kardec, qui dans ses écrits affirmait pouvoir convoquer les esprits des êtres défunts. Cet auteur ne tarda pas à se convertir en porte-parole de la doctrine spirite et fut bientôt considéré dans les cercles d'adeptes comme le spécialiste de son époque. Et même encore actuellement, il est toujours considéré comme un *messager aux connaissances divines*.

L'énorme diffusion que connaissent les idées de Kardec est due en grande partie au fait que lorsqu'en 1861 ses écrits en langue espagnole furent publiés, les autorités ecclésiastiques de Barcelone confisquèrent et brûlèrent toutes ses publications, fait qui ne tarda guère à être exploité. Cette censure servit en fait de "publicité" avant l'heure à Kardec. Le nombre des éditions qui furent publiées au Brésil sur la théorie de Kardec dépasse celui des Saintes Ecritures. On émit même des timbres-poste en commémoration de l'anniversaire de la publication de la plus importante de ses œuvres *Le livre des Esprits*.

C'est à cette même époque pratiquement qu'aux Etats-Unis, on assiste à une grande propagation du phénomène spirite qui semble avoir été bien plus importante encore qu'en France, sous l'influence des idées d'Allan Kardec. Il ne fait aucun doute que l'immense diffusion du mesmérisme aux Etats-Unis contribua à l'expansion du spiritisme.

Avec le temps, et un intérêt grandissant pour les pratiques spirites, certains médiums acquirent un immense prestige, tout particulièrement auprès de certaines classes sociales et pénétrèrent même certains milieux proches du pouvoir.

Entre les années 1850 et 1860, plusieurs fondations furent créées dans différents pays du monde entier dans le but de pratiquer les traditionnelles séances de spiritisme. En 1854 la presque totalité du territoire allemand se trouvait parsemé des fameuses "tables parlantes".
Le nombre d'adeptes que l'on enregistra aux Etats-Unis atteignait environ dix millions de personnes.
Sur le continent européen, le spiritisme compta de très nombreuses associations dont les activités n'étaient pas officiellement déclarées, ce qui rendit toutes statistiques difficiles à établir. Il existait également certains clubs privés qui exercèrent une nette influence sur certaines classes de la société.
L'Angleterre prit une part active en matière de recherches parapsychologiques. Le physicien Crookes s'était proposé de faire tout ce qui était en son pouvoir afin de détruire la doctrine spirite et se consacra à la recherche dans ce domaine avec l'intention de démasquer tous ceux qui s'adonnaient à ces pratiques. Il nous semble important de signaler ce fait à la curiosité des lecteurs afin de souligner l'intention première des chercheurs que l'on peut considérer comme les fondateurs de la parapsychologie scientifique. Ce furent en fait les savants qui cherchèrent à démontrer que les hypothèses spirites n'étaient qu'un tissu de frauduleux mensonges.
Les tous premiers travaux effectués furent soumis à la même rigueur scientifique que celle qui caractérise les recherches à l'heure actuelle. La parapsychologie telle qu'elle est comprise de nos jours est issue de la conception positiviste du XIXe siècle. La parapsychologie a toujours écarté l'idée selon laquelle les phénomènes parapsychiques tiraient leur origine d'autres mondes peuplés d'esprits.
Les chercheurs en parapsychologie admettent que les phénomènes tels que la télépathie, la pré-cognition, la voyance, etc. sont des phénomènes peu fréquents, et qu'on ne sait encore rendre compte de leur nature intrinsèque mais qu'il s'agit malgré

tout de phénomènes naturels qui doivent être rattachés aux êtres vivants et non aux esprits de personnes défuntes.
Jusqu'ici, personne n'a encore pu affirmer que le spiritisme confirme l'existence d'un autre monde peuplé d'esprits. La preuve scientifique attendue depuis toujours n'est toujours pas établie.

Conclusion

L'examen scientifique des postulats de la théorie spirite a permis de prouver le peu de valeur des affirmations et des arguments dont se prévalent les spirites pour expliquer ces phénomènes.
S'il existait une survie propre aux esprits, ceux-ci ne se réincarneraient pas auprès des êtres vivants mais exerceraient sur eux une sorte d'influence à caractère télépathique.
Dans la mesure où de toute évidence il est impossible de vérifier l'identité des esprits, Geley eut recours à un argument qui fut amplement exploité par la suite par les adeptes du spiritisme et selon lequel il fallait attribuer une certaine omnipotence aux individus, s'ils parvenaient à connaître l'identité des esprits. Il affirmait que si certains sujets arrivaient à deviner qui étaient ces esprits, il faudrait considérer qu'il existe en eux des facultés d'ordre divin.
Les phénomènes parapsychologiques ne sont pas moins extraordinaires que ceux des spirites. Lorsque les expérimentateurs obtiennent des faits paranormaux en laboratoire, de façon permanente, personne ne songe à dire qu'ils sont dotés de facultés d'ordre divin. Or le phénomène spirite n'a en fait rien de bien différent. En outre les résultats sont souvent imparfaits, incomplets, bourrés d'erreurs et de lacunes. Le spiritisme confond certains phénomènes tels que la voyance et la télépathie. Il nous semble manifeste que bien des concepts spirites sont erronés.

De minutieuses recherches démontrent que l'esprit de certains individus peut en quelque sorte se fragmenter pour créer des personnalités multiples.
De la même façon, ils peuvent recevoir ce type d'information selon des voies distinctes de celles connues par nos sens habituels. Il s'agit de caractéristiques indépendantes et qui peuvent se trouver à l'état pur.
La plupart des phénomènes de voyance ont lieu sans qu'interviennent les soi-disant esprits.
Pour quelle raison soutiendrait-on la théorie selon laquelle les esprits interviennent, alors que l'on sait que les individus possèdent la faculté de personnifier d'autres sujets vivants, morts, réels ou imaginaires.

L'avenir de la parapsychologie

Le développement des disciplines scientifiques a toujours été étroitement lié à un facteur concret, c'est-à-dire à l'application pratique des découvertes.
Or l'humanité se trouve toujours confrontée au même problème quand il s'agit des bénéfices qui peuvent être obtenus de l'application de découvertes scientifiques. Les connaissances et les avantages que l'on peut en tirer ont toujours été le privilège de quelques-uns. Jadis – et encore de nos jours dans une certaine mesure – le savoir scientifique était le privilège de ceux qui détenaient le pouvoir. La connaissance des lois de la nature était liée à la religion et les prêtres étaient considérés comme les détenteurs de la vérité.
Les phénomènes que l'on expliquait par le biais d'éléments surnaturels acquirent peu à peu une explication naturelle. Les sciences nouvelles qui apparurent à la suite des progrès que fit laborieusement l'humanité permirent d'étudier de façon plus approfondie un nombre croissant de phénomènes comme s'il s'agissait de degrés que l'homme devait franchir avant de parvenir à de plus amples connaissances et à un pouvoir plus étendu.
Jusqu'à ces dernières années, l'esprit de l'homme est demeuré un domaine totalement inconnu. On connaissait *l'extérieur* tandis que *l'intérieur* restait dans l'obscurité et que la science était incapable de rendre compte des mécanismes permettant cer-

tains phénomènes tels que la pensée, les rêves, les fantasmes et autres phénomènes mentaux. A partir de Freud, la grande révolution scientifique commença, l'inconscient de l'homme apparut comme la grande découverte qui servit de point de départ pour expliquer les motivations profondes du comportement humain. L'activité consciente de l'homme en soi ne pouvait guère être expliquée faute de méthodes d'investigations scientifiques. L'ensemble du comportement humain est resté un mystère pendant des siècles, sur la base de fausses théories qui ne servaient qu'à masquer l'ignorance des véritables causes. La parapsychologie en tant que science et partie intégrante de l'ensemble du monde scientifique actuel fut considérée comme une activité qui étudiait certains phénomènes d'ordre surnaturel.

La science du Moyen-Age s'est limitée à une vision simpliste et appauvrie de notre univers mais la science contemporaine qui prétend lancer les hommes à la découverte et à la maîtrise d'autres mondes (c'est pourquoi la seule connaissance sensorielle immédiate ne suffit plus) requiert une vision infiniment plus ample. Les pensées actuelles de l'homme se déplacent de l'infiniment petit à l'infiniment grand et avec la maîtrise des mathématiques, l'homme se propose de conquérir l'espace, de la même façon qu'il se propose de découvrir ses facultés mentales envisageant la possibilité de maîtriser ainsi d'autres domaines. Nous sommes tout au début d'une ère nouvelle que nous pouvons qualifier d'extra-sensorielle, si l'humanité est disposée à reconnaître l'existence de facultés parapsychologiques. Sinon, ceux qui pourront pénétrer les secrets de ce monde ne seront qu'un petit nombre.

La science moderne a compris que les limites du monde s'étendent au-delà de ce qui est visible et perceptible et que l'existence de l'homme peut parvenir bien plus loin que ce que nous permettent d'appréhender nos cinq sens, lesquels ne nous donnent pas une vision et une connaissance complètes de la réalité, aussi bien dans sa dimension interne qu'externe.

Les savants contemporains affirment, données à l'appui, que la perception extra-sensorielle constitue une faculté supplémentaire que l'homme peut utiliser à des fins d'expansion. Les facultés découvertes jusqu'à présent nous prouvent que nous pouvons développer de façon surprenante nos perceptions jusqu'à maintenant limitées par la seule utilisation de nos cinq sens.

La perception extra-sensorielle nous permet d'entrer en contact avec un univers bien plus vaste et riche, sans le truchement d'instruments techniques que nos facultés peuvent largement supplanter et d'une façon que nous soupçonnons encore à peine. Il serait possible de restituer la vue à l'aveugle, de supprimer certaines maladies et enfin de connaître des faits dont furent témoins d'autres peuples à d'autres époques, il y a des siècles et des siècles.

Toutefois, si l'on tient compte des résultats et du type de données auxquels ont permis d'aboutir les expérimentations faites ces dernières années, nous nous limiterons à ébaucher des hypothèses qui ne s'éloignent pas trop de certaines bases solides.

Un des aspects les plus courants qu'ait revêtu l'application de ce type de facultés depuis des siècles est le diagnostic par voyance. Il est relativement fréquent que ce type de diagnostic soit complété par des guérisons faisant appel à la foi. Mais à cause du mauvais usage des facultés paranormales, du manque d'entraînement des sujets et d'autres facteurs de toute sorte, de nombreuses tentatives qui auraient pu donner des résultats très satisfaisants sur le plan pratique ont déjà échoué. Les chercheurs affirment que s'il existait des sujets dotés de facultés optimales pour diagnostiquer par voyance, on obtiendrait des résultats surprenants. La voyance appliquée au diagnostic médical offrirait des avantages que ne procure à l'heure actuelle aucune des méthodes connues et exigeant bien souvent des thérapies extrêmement compliquées.

On pourrait parvenir à prévoir l'évolution des maladies et

même à appliquer de façon très précise les médicaments que chaque cas particulier exige. Le recours à la PES permettrait de déceler l'éventuelle apparition de maladies que la science n'est pas en mesure d'effectuer pour le moment. L'impossibilité de mettre en pratique cette méthode est due aux imperfections qui subsistent encore au niveau du contrôle et de l'application des facultés paranormales. La technique du diagnostic par voyance n'est pas encore suffisamment au point pour profiter d'ores et déjà de ses avantages. Il est par conséquent nécessaire de centrer les recherches autour de la possibilité de diagnostiquer les maladies au travers des facultés de PES, combinées à d'autres techniques et avec la collaboration d'un personnel scientifique préparé.

Quelques chercheurs qui se sont passionnés pour l'étude de la parapsychologie ont suggéré d'une part que l'on mette les instruments dont disposent les parapsychologues au service des responsables de la Santé afin de déceler tout danger ou menace qui pèserait sur la santé des individus et d'autre part que l'on ait recours aux techniques de la parapsychologie pour faciliter le travail de la police judiciaire dans la recherche de preuves et de données permettant de démasquer les criminels. En 1962, Jacques Aymar parvint à découvrir par voyance le lieu où se trouvait un criminel que l'on recherchait vainement et on pourrait citer de nombreux cas comme celui-ci où des sujets dotés de facultés de PES ont collaboré avec les services de sécurité. Tenhaeff cite toute une série d'exemples où les personnes dotées de PES peuvent collaborer et aider à retrouver des objets de valeur, volés ou égarés ou bien encore des personnes portées disparues et dont on a perdu toute trace.

En ce qui concerne l'utilisation des dons de télépathie, il est certain qu'ils sont d'une fort grande utilité lorsque certaines difficultés empêchent toute communication par radio. De plus, de nombreux chercheurs ont clairement démontré que la télépathie peut être appliquée aux communications sur des distances considérables que parfois même techniquement il est fort difficile d'établir.

Dans le domaine de la pédagogie, l'utilisation des facultés télépathiques peut également être très bénéfique. Bien que fort peu d'études scientifiques aient été effectuées sur la possibilité d'appliquer les techniques parapsychologiques dans ce domaine, les chercheurs qui se sont penchés sur le problème affirment que les résultats obtenus jusqu'ici sont très encourageants et justifient pleinement de plus amples recherches. Si les premiers résultats étaient dès maintenant appliqués d'une façon générale, ils pourraient bouleverser les méthodes d'enseignement à l'avenir. A l'université de Duke, on fit des expériences qui consistaient à appliquer un certain type de tests à un groupe d'élèves et de professeurs. Dès qu'il existait la moindre antipathie ou désapprobation, les résultats obtenus étaient négatifs. Le recours à ces tests révéla qu'il était possible d'appliquer les phénomènes de PES au domaine de l'éducation avec la possibilité d'obtenir des résultats très satisfaisants.

Il a été prouvé que les phénomènes de PES fonctionnent dans une classe entre élèves et professeur, de telle sorte que ce dernier, puisse exercer certaines influences sur ses élèves, non seulement par transfert du savoir au travers des moyens connus et élaborés par les psychologues et pédagogues, mais également par le biais de la télépathie. La diversité des domaines où l'on peut appliquer les facultés paranormales peut contribuer à la mise en pratique de nouvelles et fantastiques possibilités dont l'humanité pourrait bénéficier d'une façon que nous pouvons difficilement imaginer maintenant.

En ce qui concerne les facultés extra-sensorielles et comme pour bien d'autres phénomènes, il est nécessaire de laisser passer un temps relativement long, avant que l'application de facultés nouvelles puissent engendrer un progrès véritable, scientifique et technique.

Bien évidemment et comme pour diverses autres découvertes

scientifiques, il sera indispensable d'effectuer un contrôle rigoureux de cette science afin d'éviter tout danger ou abus qui pourrait menacer l'avenir de l'être humain et mener à la destruction au lieu du progrès et du bien-être.

Il est regrettable que le développement de la pratique des facultés paranormales dépende étroitement de certaines caractéristiques de la société et tout particulièrement de la conception que l'on a de ces facultés. On a toujours cherché à éviter que les gens croient à la possibilité de développer ces capacités et il nous semble opportun de signaler la crainte que l'immense majorité des individus éprouve vis-à-vis de ces phénomènes.

Tout ceci et bien d'autres facteurs encore font que la parapsychologie n'est approchée que de façon lente et ardue et que peu de savants sont affectés à ce domaine de la recherche, contrairement à ce qui se passe pour d'autres disciplines. Par ailleurs, on croit bien souvent que ces facultés sont le fruit d'un état pathologique mental. Bien des sujets ont refusé d'effectuer certaines expériences par crainte d'arriver à se sentir trop différents des autres. Certains individus, par contre, ont utilisé leurs facultés pour un enrichissement personnel.

Quelques savants ont proposé d'inclure dans les programmes éducatifs des centres d'enseignement une information précise sur les facultés paranormales, sur leur existence et leur éventuelle utilisation pacifique et enrichissante, facultés communes à tous les êtres humains et dont nous pourrions tous bénéficier au travers de l'entraînement scientifique.

Le fait que des aptitudes parapsychologiques existent chez les êtres humains et certaines espèces animales et même végétales, qu'elles fassent donc partie des organismes vivants, les situe dans le domaine des sciences biologiques avec lesquelles elles gardent un rapport étroit. Il est certain que la parapsychologie est liée aux autres sciences humaines dans la mesure où les phénomènes paranormaux sont en liaison étroite avec divers autres. A l'heure actuelle, les études interdisciplinaires sont de plus en plus importantes et l'on remarque de nombreux travaux entrepris conjointement entre physiciens biologistes, parapsychologues, etc. Ce n'est qu'au travers de ces recherches interdisciplinaires que l'homme pourra découvrir le sens global des phénomènes qu'il étudie.

Précisons qu'il ne faut point escompter de progrès soudain ni d'application massive des facultés paranormales mais plutôt une approche lente et un cheminement graduel, parallèles à l'évolution de la conscience des individus. L'application massive de nos facultés paranormales se reflétera d'ici quelques années, nous ignorons combien, mais il ne fait aucun doute que la révolution scientifique qui est entamée suivra imperturbablement son cours et ne pourra être stoppée.

En conclusion et pour ne citer qu'un seul exemple, rappelons la découverte des ondes radiales en 1886: il a fallu plus de cent ans pour que l'on puisse enfin apprécier les progrès qui en furent tirés.

Exercices pratiques

Techniques de relaxation

Il semble désormais certain que le facteur "psy" (nom que les savants donnent aux facultés paranormales) est présent dans chaque homme; ces capacités sont plus développées chez certains, tandis qu'elles restent latentes chez d'autres et il serait donc utile de les activer.
Une fois convaincu que tous les individus possèdent de telles facultés, que faut-il faire pour augmenter la capacité de rendement de ses possibilités métapsychiques?
Avant tout, pour une bonne réussite, plusieurs facteurs sont indispensables: avoir une volonté de fer, être capable de résister aux premières déceptions qui sont inévitables, ne jamais se décourager et avoir toujours confiance en soi, même si les résultats ne sont pas ceux que l'on espérait. Pour ce faire, des exercices et une bonne préparation sont nécessaires; on ne vous demande pas de faire d'efforts au-dessus de vos possibilités; il vous faut seulement de la persévérance. Si vous vous appliquez avec fermeté et résolution, vous remarquerez que petit à petit une transformation s'opérera en vous et vous arriverez à utiliser vos forces psychiques au meilleur d'elles-mêmes.
La concentration est l'élément de base permettant de développer les capacités psychiques. Elle exerce une fonction importante car elle localise votre énergie mentale sur un point bien

déterminé. Vous savez que pour vous mettre en contact avec les autres, vous devez réussir à vous détacher de tout ce qui vous entoure, à faire le vide autour de vous. Vous arriverez à un tel résultat en vous concentrant, grâce à une technique de respiration et de relaxation. Vous savez tous que la respiration est la fonction biologique la plus importante de l'organisme: chaque activité mentale et corporelle est étroitement liée à la respiration. En respirant correctement, nous emmagasinons des ressources d'énergie, donnons de la vitalité à notre cerveau, et purifions notre sang.

1er EXERCICE

1. Debout ou couché, expirez pour éliminer de vos poumons autant d'air vicié que possible; à ce moment-là, vous êtes prêt pour une inspiration profonde et complète.
2. Inspirez lentement par le nez, en comptant mentalement jusqu'à cinq; faites ressortir petit à petit l'abdomen et élargissez la poitrine.
3. Reposez-vous un instant, en comptant mentalement jusqu'à trois.
4. Expirez lentement et calmement par le nez, en faisant rentrer l'abdomen petit à petit.

Répétez cet exercice trois fois.

2e EXERCICE

Assis dans un fauteuil, contractez avec force le bras droit, en imaginant que vous êtes en train de faire une partie de bras de fer, et concentrez-vous sur la contraction de votre biceps. Restez dans cette position pendant quelques secondes, puis relâchez-vous et couchez-vous; vous comprendrez alors ce que signifie être relaxé.
Contractez l'autre bras, puis détendez-vous.

Utilisez le même procédé pour la jambe droite, puis pour la gauche, en vous rappelant toujours de tendre vos muscles, puis de relâcher votre jambe, en deux mouvements.
Pour développer ses facultés "psy", il ne faut pas que l'esprit soit préoccupé par d'autres idées. Si vous concentrez vos forces sur une seule chose, vous arriverez à maîtriser votre cerveau à volonté.

Série d'exercices rapides

1. Faites une espèce de collier avec plus de cent perles, en ayant soin de laisser un petit espace entre une perle et l'autre, de façon que les perles puissent courir librement sur le fil. Comptez alors les perles du collier, en les faisant glisser lentement de gauche à droite. Concentrez-vous sur ce que vous êtes en train de faire, sans penser à rien d'autre, sans vous laisser dissiper par ce qui se passe autour de vous. Efforcez-vous de faire glisser le plus grand nombre de perles en un temps fixé à l'avance, car moins vous vous laisserez distraire plus vous réussirez à compter de perles.
2. Assis confortablement dans un fauteuil, appuyez sur l'accoudoir votre main fermée, en tenant l'index libre. Levez et baissez lentement le doigt 10, 15 et 20 fois. Il est important de toujours fixer des yeux votre doigt qui oscille; augmentez progressivement la durée de l'exercice.
3. Fixez votre attention sur le tic-tac de votre montre et concentrez-vous, en pensant seulement au bruit qu'elle fait; ne pensez qu'à ce bruit.
4. Tracez mentalement sans discontinuité le symbole mathématique de l'infini, semblable à un 8 couché (∞). Imaginez ce signe agrandi et lumineux sur un fond noir; sans vous décontracter, suivez lentement la courbe de façon continue.
5. Allumez un petit bâton d'encens ou une bougie et, pendant 10 minutes, fixez intensément – sans bouger votre corps, en

restant parfaitement immobile – la fumée qui monte verticalement ou en spirale, en concentrant toutes vos pensées sur les évolutions et les variations que la fumée fait en se déplaçant.

6. Lisez une page quelconque d'un livre, et après l'avoir fermé, résumez à votre façon les points les plus importants et les plus significatifs du passage que vous avez lu. Ceci vous permettra de concentrer votre énergie mentale, en vous obligeant à ne pas vous laisser aller à des hypothèses qui n'ont aucun rapport avec ce que vous êtes en train de lire.
7. Pendant 30 secondes, étudiez un test à la fois, puis après avoir fermé le livre, essayez de vous rappeler le nom des objets pour le premier test, les nombres pour le deuxième et les mots pour le troisième.

1er test

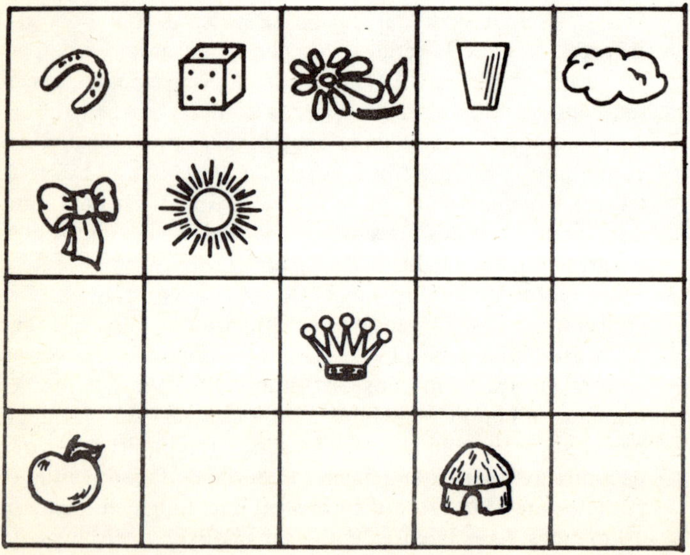

2e test

1	S	4
5	2	A
8	T	13

3e test

1) Dragon
2) Canne
3) Maison
4) Canard
5) Zen
6) Râ
7) Isis
8) Poésie
9) Pir
10) Deux

La télépathie

La télépathie est un phénomène qui survient en dehors de l'action normale et ordinaire des sens et permet de transmettre ou de capter la pensée. Les phénomènes télépathiques sont tellement fréquents qu'on ne peut pas les ignorer; bien qu'ils aient été vérifiés scientifiquement, ils restent partiellement inexplicables, tout du moins en l'état actuel de nos connaissances.
A combien de personnes est-il arrivé de penser intensément à une personne et de la voir par hasard quelques minutes après? Ce phénomène se produit fréquemment entre consanguins, chez

lesquels les rapports de pensée sont très étroits, et se vérifie aussi avec une intensité surprenante entre jumeaux.
D'aucuns parlent de suggestions à distance ou d'autosuggestion, d'autres admettent l'existence d'ondes cérébrales qui se propagent d'un esprit à l'autre, ce qui permet la transmission d'une pensée ou d'une image.

Exercices

Pour expérimenter vos propres capacités télépathiques, vous pouvez faire les essais suivants:

1. Après être sorti de la pièce où vous étiez, votre partenaire choisit un objet que vous devrez deviner à votre retour. Celui qui possède des dons télépathiques capte généralement les radiations émises par l'esprit de son partenaire ou bien après avoir touché plusieurs objets, ressent, avant de choisir celui qu'il doit deviner, une sensation repoussante, plus ou moins désagréable, comme une impression de froid, quand il est loin de l'endroit où se trouve l'objet choisi.
2. Devant plusieurs personnes, faites cette expérience. Disposez en cercle sur la table certains objets, puis éloignez-vous, en donnant la possibilité à "votre public" de faire son choix. Quand vous rentrez de nouveau dans la pièce, ordonnez-lui de penser intensément à l'objet qu'il aura choisi. Le bras tendu, effleurez lentement les différents objets, en cherchant à capter les messages envoyés par l'esprit des personnes présentes. Ne vous arrêtez pas sur la première impression, elle pourrait être fausse; au début, cherchez à procéder par élimination: quand vous vous sentez attiré par une zone du cercle, éliminez les objets qui se trouvent du côté opposé. Disposez de nouveau en cercle les objets qui restent et continuez à les effleurer, jusqu'à ce que vous trouviez celui qui avait été choisi.
3. Votre partenaire devra faire l'ébauche ou styliser un dessin

simple que vous chercherez à reproduire, avec les "yeux de l'esprit" de l'autre bout de la pièce.

4. Cette expérience est une variante du test effectué avec les cartes Zener.
   Avec un jeu de cartes utilisé pour le poker, vous devrez deviner la couleur de chaque carte.
5. Fixez la nuque d'une personne, sans que celle-ci s'en aperçoive et mentalement imposez-lui de se tourner et de regarder dans votre direction; si vous exprimez avec énergie votre volonté, vous constaterez que la personne vous regardera comme vous l'avez pensé en réalité.

Les cartes Zener

Comme vous avez déjà pu le lire à la page 37, la méthode la plus utilisée pour vérifier les capacités de télépathie et de voyance est la méthode des cartes Zener, du nom de son inventeur, l'américain Karl E. Zener. Il s'agit de cinq cartes représentant des symboles graphiques qui remontent aux modèles primitifs. Elles auraient, dit-on, un grand pouvoir magnétique sur les ondes cérébrales et susciteraient des souvenirs et des suggestions provenant de l'inconscient.
On les utilise par groupe de 25 cartes que vous pouvez vous-même dessiner sur un petit carton blanc avec un feutre rouge, en reproduisant le symbole cinq fois.
Choisissez votre partenaire parmi les personnes auxquelles vous êtes lié sentimentalement car le contact télépathique se fait plus facilement entre individus ayant des liens de sang, d'affection et d'amitié.

EXERCICES

1. Mettez-vous dos à dos ou bien installez-vous chacun dans

une pièce (nous conseillons toutefois de le faire dans un second temps, une fois que vous aurez acquis davantage d'expérience).

2. La personne qui transmet doit faire le vide "dans sa tête": après avoir mélangé soigneusement les cartes, elle en soulève une, la fixe intensément et la transmet mentalement à son partenaire. Lorsque le temps établi à l'avance (minimum 5 mn, maximum 10 mn) s'est écoulé, le transmetteur repose la carte et transcrit le symbole sur une feuille de papier. Il agira de même jusqu'à épuisement du tas de cartes.
3. Après avoir disposé dans l'ordre les cinq cartes Zener et ses symboles primaires devant soi, la personne qui jouait le rôle de récepteur doit elle aussi faire le vide dans son esprit pour pouvoir "capter" le message télépathique de son partenaire. Pendant un temps fixé à l'avance, elle regardera les cartes lentement et choisira celle qui l'attirera le plus, puis, elle inscrira le résultat, dans l'ordre.

Si le récepteur a deviné moins de cinq cartes sur les 25, cela signifie que ses facultés sont encore faibles et qu'il a besoin d'un long entraînement. Si les réponses exactes sont comprises entre 5 et 10, ceci veut dire que le récepteur est un assez bon télépathe. Au-delà de 11 cartes, il a de bonnes capacités télépathiques qui doivent être développées.
Si vous avez deviné toutes les cartes, on peut dire que vous êtes un véritable télépathe.

La voyance

La voyance permet de connaître des événements sans l'aide des sens aussi bien en état de veille qu'en état de sommeil ou en état de somnambulisme naturel ou provoqué. Les savants affirment que la voyance se manifeste par le miroir magique grâce à la psychométrie ou le contact de la main.

Le miroir magique était un condensateur aimanté du plan astral; en le fixant longtemps, on pouvait y voir des images prophétiques; dans l'antiquité, il était utilisé par les magiciens car c'est lui qui déclenchait leurs visions; de nos jours, il a été remplacé par la boule de cristal.

EXERCICES

Nous conseillons à toute personne qui désirerait faire un essai d'exploiter le système dit de "la carafe de Cagliostro".
Installez-vous dans une pièce isolée et silencieuse et, après avoir rempli d'eau une bouteille ou un vase de forme ronde à la surface lisse, placez ce vase sur une table recouverte d'une nappe blanche et mettez en face une petite source de lumière (bougie, etc.). Vous distinguerez un petit point noir qui deviendra petit à petit toujours plus lumineux jusqu'à vous donner une bonne vision des images.

OBSERVATEUR → BOULE DE CRISTAL PLEINE D'EAU → SOURCE DE LUMIERE { FENETRE / BOUGIE / LAMPE

Ne vous étonnez pas si vous n'y arrivez pas immédiatement, car il faut beaucoup d'entraînement avant d'obtenir de bons résultats. Les anciens magiciens projetaient leur image dans une boule de cristal ainsi que celle de leurs ennemis ou des personnes qu'ils désiraient soumettre à leur volonté et ces derniers étaient tellement impressionnés qu'ils restaient entièrement à leur merci.
Si vous n'arrivez pas à vous procurer une boule de cristal, vous pouvez utiliser le système expliqué auparavant.
Certaines personnes utilisent la méthode du "blanc d'œuf", substance fluide qui se verse dans une coupe en verre lisse pleine d'eau.

Cette coupe doit toujours être placée en face d'une source de lumière, de façon qu'on puisse interpréter, grâce à la réverbération, les dessins que le blanc crée, une fois en contact avec l'eau qui l'a rendu filamenteux.
On fait faire aux Rosicruciens néophytes des exercices servant à examiner et à développer les facultés cachées.
En voici deux: l'exercice de l'eau et l'exercice du miroir.

1. Prenez un verre d'eau et posez-le sur une table à 20 cm de distance d'une bougie allumée, dans la pénombre. Faites flotter au centre du verre 1 cm^2 de papier blanc; fixez intensément l'eau pendant un quart d'heure, en vous concentrant au maximum sur ce que vous êtes en train de faire, jusqu'à ce que le liquide prenne les couleurs de l'arc-en-ciel. A ce moment-là, craquez une allumette et après l'avoir éteinte, cassez-la et mettez la partie brûlée au centre du verre, à la place du petit morceau de papier.
   Approchez vos mains du bord du verre, quelques minutes plus tard, vous verrez l'allumette se diriger vers vos mains comme si elle était aimantée. Enlevez l'allumette et buvez l'eau qui devrait être minéralisée grâce à votre fluide.
2. Dans une pièce sombre, placez-vous en face d'un miroir face auquel vous aurez placé deux bougies. Relaxez-vous et en vous concentrant, fixez le centre du miroir pendant 20 mn. Quand vous réussirez enfin à utiliser vos capacités paranormales, vous serez capable de voir des images sur le miroir.

La voyance peut être révélée aussi par la psychométrie. Un occultiste du XIXe siècle, Papus, donne de la psychométrie cette définition:
"De ce phénomène nous savons que tout objet porte une histoire écrite invisiblement autour de lui. La même chose arrive à l'être humain: chacun de nous porte en soi un halo lumineux, invisible à l'œil nu, mais perceptible par des sujets dotés de pou-

voirs particuliers; dans ce rayonnement qui nous entoure, les résultats de nos pensées ou de nos actions sont écrits sous forme de symbole.
La tradition a défini cette luminosité Aura... Grâce à cette aura, on peut expliquer beaucoup de phénomènes qui, en apparence, semblaient étranges...".
Pour pouvoir réveiller les sensations astrales, chaque individu peut utiliser les techniques employées pour développer les pouvoirs télépathiques. On peut connaître certains événements à travers le contact de la main ou bien grâce à des objets. En touchant un objet, on arrive à en raconter l'histoire: ce contact tactile est toujours nécessaire; en effet, en prenant la main d'une personne on pourra connaître une partie de son destin.
Pour développer ces capacités, après avoir créé le vide mental, posez des objets sur votre front, de façon à percevoir des sensations ou des images.
Le simple contact avec une photographie vous donnera le même effet, puisqu'elle devra "vous raconter" l'histoire de la personne qui y est représentée.

La télékinésie

La télékinésie permet de faire bouger des objets à distance par la simple force de la pensée.
Ce phénomène, très critiqué, est considéré encore aujourd'hui avec septicisme par nombre de personnes et a toujours été rigoureusement contrôlé.
La télékinésie porte non seulement sur la lévitation (déplacement ou soulèvement d'objets) mais évalue aussi la force de la pensée qui peut influencer le résultat d'un lancer de dés ou faire pousser des plantes en leur murmurant de loin des mots d'encouragement ou en retarder la croissance par des paroles hostiles.

Exercices

Vous pouvez répéter ces mêmes expériences pour vérifier vos capacités:

1. Essayez de lancer un dé, en vous concentrant sur un numéro à la fois, en cherchant de le faire tomber toujours sur le même numéro ou sur la même couleur.
2. Essayez d'accélérer par la force de votre pensée la croissance d'un haricot, en vous concentrant tous les jours le plus possible pendant 10 à 20 mn le matin et le soir, en restant à environ un mètre du pot de fleur.

La psychophonie

Les personnes qui désirent capter les voix de l'au-delà peuvent utiliser cette méthode. Les heures les plus favorables sont comprises entre 19 et 21 heures.

Installez-vous dans une pièce silencieuse et branchez un bon magnétophone, alimenté de piles et doté d'une cassette neuve. Si vous êtes passionné par des systèmes plus sophistiqués, équipez l'appareil d'un écran magnétique spécial qui sert à protéger des éventuelles interférences extérieures.

Ne vous découragez pas si, au début, vous ne captez aucune voix et ne vous enthousiasmez pas trop facilement si en réécoutant votre magnétophone, vous entendez des sons ou des voix que votre inconscient aurait produit grâce à un phénomène de télékinésie (voir paragraphe précédent).

Les énergies bioradiantes

Il existe plusieurs systèmes qui permettent de vérifier si une personne est dotée d'énergies bioradiantes.

Le plus simple pouvant être exécuté par tout le monde est la méthode de la momification.
Achetez 200 g de foie, placez-le dans une assiette et appuyez-y vos mains pendant 10 mn deux fois par jour. Si au bout d'une dizaine de jours, le foie devient dur, momifié et n'émet aucune odeur, cela veut dire que vous possédez de l'énergie vitale pouvant être transmise à d'autres personnes.
Rappelez-vous qu'une grande concentration est indispensable au cours de cette expérience.

Table des matières

Achevé d'imprimer
en janvier 1987
à Milan, Italie, sur les presses
de Lito 3 Arti Grafiche s.r.l.

Dépôt légal: janvier 1987
Numéro d'éditeur: 1525